Michel Noël

AMÉRINDIENS ET INUITS

ÉDITIONS DU TRÉCARRÉ

Conception: Jean Chaumely
Infographie et séparations: Rive-Sud Typo Service

Publié avec le soutien d'Hydro-Québec

Révision linguistique: Marie Rose Vianna
Couverture: photo Louise Leblanc

ISBN 2-89249-594-6
Dépot légal 1996
Bibliothèque nationale du Québec

ÉDITIONS DU TRÉCARRÉ
Saint-Laurent (Québec)
Canada

IMPRIMÉ AU CANADA

Le Québec n'est pas le pays du conformisme.

Attachés à leurs traditions, les Amérindiens et les Inuits, s'ils sont ancrés dans leur territoires, n'en ont pas moins la tête dans les étoiles.

Pour accéder à leur univers, à leurs paysages, à leur culture, il fallait autre chose qu'un ouvrage conformiste, calqué sur des modèles connus.

Celui de Michel Noël est d'une totale originalité.

Il ouvre bien des portes, donne beaucoup d'indications - sur le présent immédiat comme sur le plus lointain passé. Il permet de savoir.

Mais il est surtout fait pour rêver et pour partir.

Trois pistes pour découvrir les cultures des Premières Nations

Pour aller à la rencontre des grandes cultures des Premières Nations, nous vous proposons trois types de pistes : la piste des coureurs de bois, celle des voyageurs et celle des marchands de fourrures.

La piste des coureurs de bois fera appel à votre goût de l'aventure. Elle vous conduira sur les routes tracées par ces hommes intrépides du XVIIe siècle jusque dans les communautés amérindiennes aujourd'hui situées en milieux ruraux ou forestiers.

Si vous choisissez la piste des voyageurs téméraires du début de la colonie, le train ou l'avion vous transporteront en quelques heures dans les collectivités amérindiennes ou inuites isolées et éloignées. Vous y vivrez une aventure réellement palpitante. Les voyageurs des temps anciens, dans leurs canots chargés de ballots de fourrures et de marchandises de troc, mettaient des mois à se rendre à destination ; souvent même ils quittaient le foyer pour plusieurs années.

Dès le XVIe siècle, les marchands de fourrures ont fondé leurs comptoirs en des lieux qui sont devenus plus tard de grands centres urbains. La piste des marchands vous permettra donc de vous initier aux cultures des peuples autochtones à travers ses musées, ses galeries, ses boutiques et ses événements culturels.

Vous pourrez consacrer à ces pistes de quelques heures à plusieurs semaines. Une chose est certaine : peu importe le temps que vous leur réserverez vous serez fasciné par les nouveaux sentiers qui s'ouvriront devant vous. En cours de route, il vous sera loisible de sélectionner quelques visites à intégrer dans un périple québécois ou canadien.

Il existe une présence amérindienne ou inuite dans toutes les régions du Québec. Elle n'est cependant pas toujours évidente si l'on se borne aux sentiers battus ; au surplus, les guides touristiques classiques n'en font que peu mention. Osez sortir des circuits habituels, vous ne le regretterez pas. Vous aurez le goût d'y revenir, de pousser l'aventure toujours plus loin, de vivre «à l'amérindienne».

Écouter un Amérindien ou un Inuk parler de son patrimoine, de son pays, de sa vie, c'est vivre en tête-à-tête avcc un poète dont vous venez de lire le plus récent recueil. C'est visiter une exposition grandiose en compagnie du peintre lui-même qui vous parle de formes, de couleurs, du signe premier des choses, du caractère sacré des objets.

Il aura fallu attendre cinq cents ans avant de commencer à découvrir les immenses richesses que recèlent les cultures de ces peuples. C'est maintenant une toute nouvelle relation qui s'établit, dans le respect du droit à la différence, dans l'acceptation de la diversité. Plus que jamais auparavant, voilà que nous partageons la même soif de nous connaître mutuellement, d'échanger; nos routes se croisent de plus en plus, nous cheminons dans les mêmes portages, nous nous assoyons à l'intérieur du même cercle, autour du même grand feu. Après avoir parcouru l'une de ces pistes, vous ne verrez plus jamais les autochtones du même oeil. Chacune à sa façon a pour but de «défolkloriser» l'image que l'on s'est projetée de ces peuples, en les présentant tels qu'ils sont dans leur réalité quotidienne.

Vous trouverez dans ce livre

La piste des voyageurs
(les milieux nordiques)

La piste des marchands
(les milieux urbains)

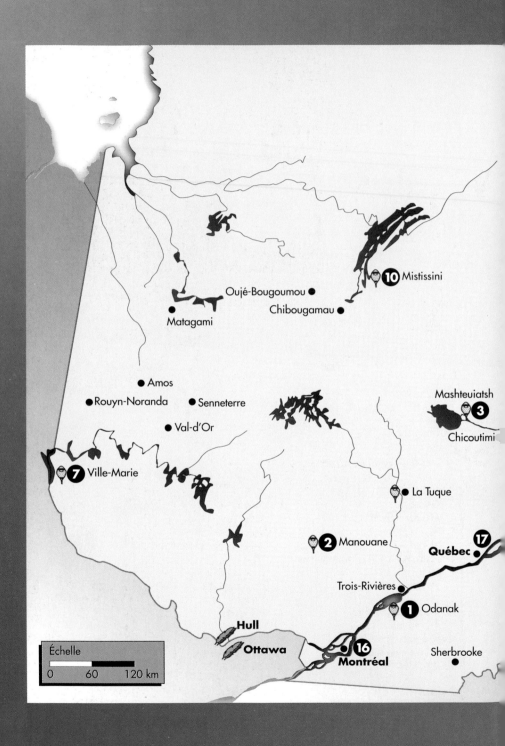

Mistissini **10**

Oujé-Bougoumou ●

Chibougamau ●

Matagami ●

● Amos

● Rouyn-Noranda   ● Senneterre

● Val-d'Or

Mashteuiatsh **3**

Chicoutimi

Ville-Marie **7**

La Tuque ●

Manouane **2**

Québec **17**

Trois-Rivières

Odanak **1**

Hull

Ottawa

Sherbrooke

Montréal **16**

Échelle

0   60   120 km

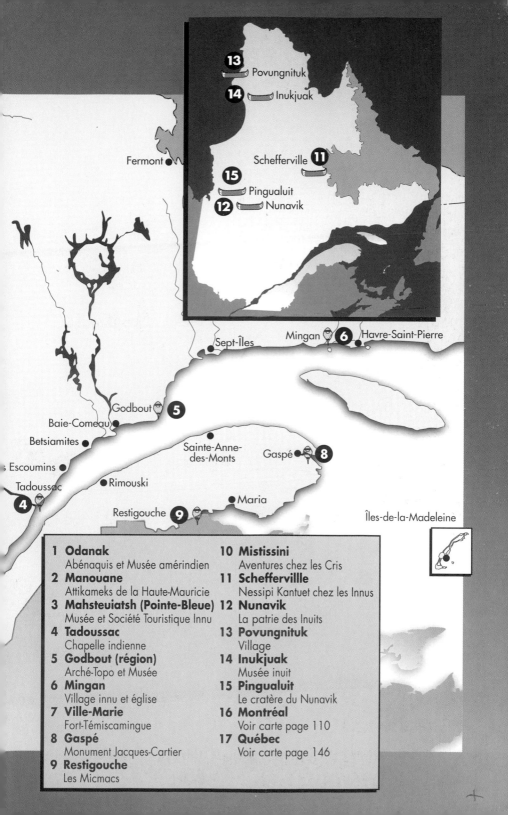

13 Povungnituk
14 Inukjuak
Fermont
Schefferville 11
15
Pingualuit
12 Nunavik

Mingan 6 Havre-Saint-Pierre
Sept-Îles

Godbout 5
Baie-Comeau
Betsiamites
Sainte-Anne-
des-Monts   Gaspé 8
Escoumins
Tadoussac   Rimouski
4
Maria
Restigouche 9   Îles-de-la-Madeleine

1 **Odanak**
  Abénaquis et Musée amérindien
2 **Manouane**
  Attikameks de la Haute-Mauricie
3 **Mahsteuiatsh (Pointe-Bleue)**
  Musée et Société Touristique Innu
4 **Tadoussac**
  Chapelle indienne
5 **Godbout (région)**
  Arché-Topo et Musée
6 **Mingan**
  Village innu et église
7 **Ville-Marie**
  Fort-Témiscamingue
8 **Gaspé**
  Monument Jacques-Cartier
9 **Restigouche**
  Les Micmacs

10 **Mistissini**
   Aventures chez les Cris
11 **Schefferville**
   Nessipi Kantuet chez les Innus
12 **Nunavik**
   La patrie des Inuits
13 **Povungnituk**
   Village
14 **Inukjuak**
   Musée inuit
15 **Pingualuit**
   Le cratère du Nunavik
16 **Montréal**
   Voir carte page 110
17 **Québec**
   Voir carte page 146

« L'orignal », de Virginia Bordeleau.

LA PISTE DES COUREURS DE BOIS

Les milieux ruraux et forestiers

La piste des coureurs de bois s'ouvre à ceux qui ont l'esprit aventureux et veulent explorer des contrées accessibles mais moins fréquentées, sinon par les Amérindiens. Ces circuits aboutissent à des réserves autochtones bien organisées qui ont mis sur pied de petits musées ou des centres d'exposition régionaux ou locaux.

Dans toutes ces communautés, il est préférable de circuler à pied. Cela permet de rencontrer les habitants, de manger au casse-croûte du coin, d'observer un chasseur en train de dépecer un castor, une artisane procédant au fumage d'une peau d'orignal, un vannier fabriquant un panier d'écorce, un sculpteur dégrossissant une pierre. Souvent, la boutique d'artisanat est située derrière la demeure ; il suffit alors de frapper à la porte si l'on désire faire des achats.

Les coureurs de bois étaient des marchands de fourrures ambulants, farouchement indépendants, qui commerçaient sans autorisation officielle. Seuls ou avec des associés, ils partaient en canots chargés de pacotille à la rencontre des groupes amérindiens avec lesquels ils avaient créé des liens. Ils vivaient parmi eux, adoptaient leurs coutumes et leur habillement. Ils apprenaient leur langue et servaient souvent d'interprètes dans d'importantes négociations, ou comme intermédiaires entre les peuples autochtones. Ils épousaient parfois des Amérindiennes.

Leurs pérégrinations les obligeaient à vivre en forêt de l'automne au printemps et ils revenaient pour l'été à leur point de départ.

◀ *Le ruisseau vert (Parc Mastigouche)*

Mauricie

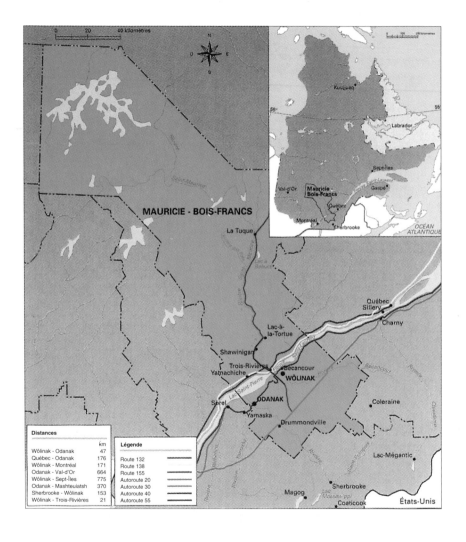

MAURICIE - BOIS-FRANCS

Distances

	km
Wôlinak - Odanak	47
Québec - Odanak	176
Wôlinak - Montréal	171
Odanak - Val-d'Or	664
Wôlinak - Sept-Îles	775
Odanak - Mashteuiatsh	370
Sherbrooke - Wôlinak	153
Wôlinak - Trois-Rivières	21

Légende

Route 132	————
Route 138	————
Route 155	————
Autoroute 20	————
Autoroute 30	————
Autoroute 40	————
Autoroute 55	————

Les Abénaquis d'Odanak

Odanak, qui signifie «chez nous», est situé à 32 km soit de Sorel, soit de Drummondville. Les Abénaquis nomment cette région Wabanaki, c'est-à-dire «la terre de l'Est», ou «la terre de l'Aurore, là où se lève le Soleil».

Le village d'Odanak s'étire le long de la haute falaise de la rivière Saint-François, affluent du Saint-Laurent. On retrouve ici, comme dans toutes les communautés autochtones, une sagesse, un mode de vie en décalage avec la vie urbaine où il faut sans cesse aller plus vite, avaler le temps d'un trait. Odanak se parcourt à pied. La rue principale longe la falaise, elle n'a pas plus de 2 km; les autres rues lui sont toutes perpendiculaires et portent un nom en langue abénaquise: Tolba (la tortue), Awasso (l'ours), Koak (les pins), Sibossi (le ruisseau), etc.

Anciennement, la vie s'organisait autour de la rivière, principale voie de communication et de transport: c'est pourquoi le village s'étend le long de la falaise. Les façades des maisons et de l'église donnent sur la rivière Saint-François.

Le musée des Abénaquis est au centre du village. En réalité, il s'agit plutôt d'un parc muséal qui englobe l'arrondissement historique occupé par la communauté. Celle-ci participe à la gestion du musée, à l'élaboration de son programme et exerce une influence sur ses orientations.

L'arrondissement historique comprend le musée situé dans l'ancien couvent des Sœurs grises de la Croix que la plupart des aînés ont fréquenté dans leur jeune âge. On comprend leur attachement pour ce lieu, d'autant plus que, à côté, se trouvent l'église catholique, richement décorée d'œuvres d'art et personnalisée par la communauté, une petite chapelle votive et un magnifique édifice qui servait jadis de presbytère. Plusieurs troncs d'arbres ont été sculptés par des artistes locaux et des maisons traditionnelles en écorce de bouleau témoignent d'un type d'architecture ancienne.

LES ABÉNAQUIS
LE PEUPLE DU SOLEIL LEVANT

*WÔBANAKIAK
ALNÔBANÔGAN
(MYTHE DE LA NAISSANCE
DES WÔBANAKIS)*

Tabaldak, le Créateur, était très fier de la Terre qu'Il avait conçue. Cependant, Il avait envie d'entendre rire et chanter. Il prit d'abord des pierres qu'Il façonna en êtres humains et les anima de son souffle. Bientôt ces créatures se mirent à bouger, mais Tabaldak s'aperçut qu'elles étaient négligentes. Elles écrasaient les plantes de leurs gros pieds. Tabaldak décida alors de les briser. Mais ces morceaux devinrent les «petits hommes» (les Manogemassek) parce qu'ils renfermaient toujours le souffle du Créateur.

Alors Tabaldak chercha une autre façon de faire les humains. Il vit de magnifiques frênes hauts et droits. Il sculpta les formes des hommes et des femmes dans leurs troncs, puis Il tira des flèches sur chacun d'eux leur donnant ainsi la vie. Ces humains pouvaient danser gracieusement dans le vent comme les grands frênes. Ils étaient beaux et fiers. Leurs cœurs, comme les arbres, étaient verts et pleins de vie. Ces humains et leurs descendants possédaient une âme immortelle. Tabaldak leur enseigna à vivre selon Ses principes divins, et à se nourrir des produits de Son jardin. Si les humains employaient les cadeaux divins avec sagesse, leur âme, après la mort, irait au pays du Grand Esprit où elle connaîtrait la paix et l'abondance. En revanche, les meurtriers, les voleurs et les menteurs erreraient éternellement sans trouver le repos.

« Le masque », d'André Vollant

Le musée des Abénaquis

C'est le plus ancien musée amérindien du Québec. Il a été fondé en 1959 par les aînés de la communauté et l'abbé Rémi Dolan. Son centre de documentation et ses archives sont parmi les mieux fournis de la province.

Chaque printemps, il est l'hôte d'une nouvelle exposition qui met en valeur la culture de l'une ou l'autre des Premières Nations d'Amérique. Ses propres collections concernent l'histoire passée et contemporaine des Abénaquis et renferment un ensemble exceptionnel de paniers en lamelles de frêne décorés de foin d'odeur. Les Abénaquis sont reconnus depuis des temps immémoriaux comme les grands maîtres de la vannerie de frêne. Ils fabriquent des paniers d'une rare beauté, richement colorés et décorés, qui font l'envie des collectionneurs. Les artisans tressent encore des paniers suivant la technique traditionnelle. Ces objets sont offerts en vente au musée ou dans les nombreuses boutiques du village.

Un nouveau musée, beaucoup plus spacieux, sera bientôt ouvert. Il intégrera l'ancien bâtiment historique et sera consacré à l'interprétation de l'environnement, en particulier la rivière Saint-François sur laquelle s'ouvriront de larges fenêtres panoramiques. Les Abénaquis veulent par là rendre hommage à ce cours d'eau qui a joué et continue de jouer un rôle important dans leur vie.

Les groupes peuvent réserver en tout temps de l'année. Des circuits sur demande comprennent la visite du musée, de l'arrondissement historique et de la communauté, ainsi que des excursions dans la forêt environnante axées sur la survie et même sur les plantes médicinales. Le circuit s'achève par un repas amérindien dont le menu comporte sagamité, bannique, esturgeon fumé et gâteau de maïs arrosé de sirop d'érable.

Le premier dimanche de juillet, la communauté abénaquise organise une fête culturelle avec messe en plein air sur le terrain du musée, démonstrations de fabrication de pièces artisanales, spectacles de danse, chants folkloriques et un pique-nique au cours duquel sont servis des mets traditionnels.

Panier, lamelles de frêne et foin d'odeur

Attikameks de la Haute-Mauricie

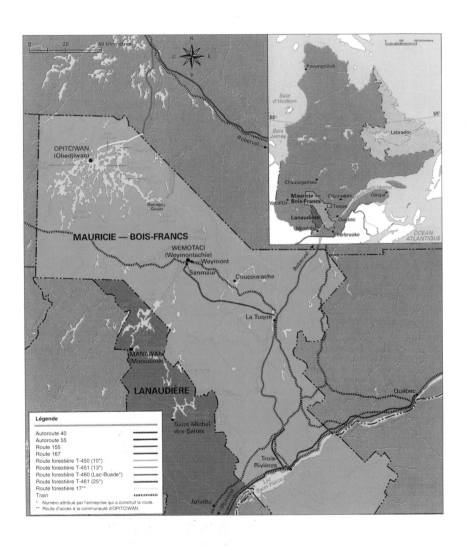

Les Attikameks forment une nation amérindienne dont le nom se traduit par corégone (poisson salmonidé des eaux douces froides). Ce sont des gens de rivières, un peuple de l'intérieur, les dignes descendants des intrépides chasseurs nomades de la Haute-Mauricie. Leur territoire est drainé par la rivière Saint-Maurice ou, en leur langue, Attikameksipi. Ils ont toujours tiré leur subsistance de la pêche des corégones qu'ils prennent en grandes quantités à l'aide de filets. Ils vivent aussi des produits de la chasse à l'orignal, cet animal qui est le roi de la forêt québécoise. Suivant la saison, ils récoltent des bleuets, trappent le castor, chassent l'outarde et fabriquent du sirop d'érable.

Il existe trois communautés attikameks : Obedjiwan, Weymontachie et Manouane. Elles comptent au total 4 300 membres, ce qui en fait la cinquième nation autochtone du Québec sur le plan de la population dont 60 % ont moins de 25 ans.

Les Attikameks ne calculent pas les distances en kilomètres, mais en temps. Même s'ils vivent relativement près de villes importantes comme Montréal, Trois-Rivières et La Tuque, la plupart de leurs déplacements s'effectuent encore par des chemins forestiers rudimentaires.

Ours noir au printemps

Compter en heures plutôt qu'en kilomètres

EN CAMIONNETTE OU EN AUTOMOBILE				
Départ	**Destination**	**Distance**	**Durée**	**Remarques**
Manouane (Manawan)	Saint-Michel-des-Saints	86 km	1 h 30	
Manouane	Trois-Rivières	245 km	3 h 45	
Manouane	Weymontachie	510 km	7 h 30	Via La Tuque, route forestière T-461 (25)
Obedjiwan (Opticiwan)	Roberval	280 km	3 h 30	Route forestière T-460 (route du Lac-Buade) Via La Tuque
Obedjiwan	Montréal	606 km	8 h	Via La Tuque
Obedjiwan	Manouane	710 km	11 h	Via Parent
Obedjiwan	La Tuque	402 km	5 h	
Weymontachie (Wemotaci)	La Tuque	112 km	1 h 30	Route forestière T-461 (25)
Weymontachie	Obedjiwan	238 km	4 h	Routes forestières T-450 (10), T-451 (13), 17 Via La Tuque, routes 155 Sud et 40 Est
Weymontachie	Québec	351 km	4 h 30	
EN TRAIN				
Weymontachie	La Tuque		3 h	
EN AVION OU EN HYDRAVION (sur demande)				
Weymontachie	La Tuque		30 min	Cessna ou Otter (3 à 15 passagers) Avion à skis
Weymontachie	Obedjiwan		45 min	"
Obedjiwan	La Tuque		1 h	"
Manouane	La Tuque		30 min	"

Manouane est facilement accessible à partir de Montréal et le trajet est des plus pittoresques. On emprunte une route rurale jusqu'à Saint-Michel-des-Saints. La route longe les contreforts de la chaîne de montagnes des Laurentides, puis s'enfonce au cœur des monts. Les Attikameks considèrent que le bouleau blanc leur a été donné en cadeau par le

Créateur de l'univers. Les artisans et artisanes attikameks sont reconnus pour la beauté de leur vannerie. Ils fabriquent quantité d'objets en écorce de bouleau ainsi que des canots magnifiquement décorés de motifs géométriques, animaliers ou floraux.

Après Saint-Michel-des-Saints, il faut suivre une route forestière pendant 86 km. Il arrive qu'on aperçoive une femelle orignale et son veau, un ours noir ou une couvée de perdrix, ou que l'on doive même traverser un tronçon de route inondé parce que des castors y ont construit un barrage.

PECIKO PIPON
(Rose des saisons)

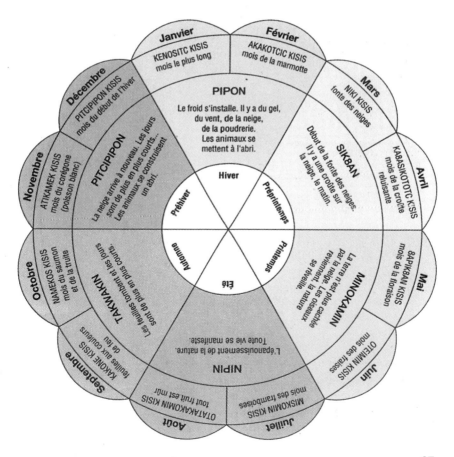

Panier attikamek, écorce de bouleau

Un Attikamek entreprenant a fondé récemment une petite entreprise touristique qu'il a nommée le Camp des dix, car elle est formée de dix membres de sa famille. C'est un merveilleux conteur, et sa compagne une cuisinière sans pareille. Leurs enfants et leurs amis sont de précieux compagnons de voyage. À Manouane, les visiteurs sont pris en charge pour une autre randonnée d'une petite heure : l'hiver, en motoneige et en raquettes, l'été en canot ou en bateau. Le Camp des dix, au bout du chemin, révélera aux amateurs de l'aventure les immenses richesses de la culture attikamek : randonnées en forêt ou sur l'eau, gastronomie, médecine traditionnelle, mœurs des animaux, outils, contes, rituels divers, légendes, chants et danses, musique de tambour, palabres autour du feu, nuit sous la tente, pêche au filet, etc.

À Manouane également, vous pourrez résider aux Chalets Six Saisons, qui permettent de vivre dans une calme intimité, en plein centre d'une vie communautaire. Ces chalets, qui accueillent jusqu'à six personnes, ont un équipement ultra-moderne.

À Coucoucache, l'artiste Jacques Newashish et son confrère Lucien Awashish font revivre l'ancien village de leurs ancêtres. On y vit sous la tente au rythme de la vie de la communauté et l'on participe aux tâches quotidiennes.

Wemotaci est accessible par train ou par route forestière à partir de La Tuque.

LA VIE DANS LE WIGWAM

Le wigwam, la tente traditionnelle des Amérindiens, est une habitation parfaitement adaptée à leur mode de vie. Elle loge toute la famille dans une même pièce, est fraîche l'été et chaude l'hiver, facile à transporter en canot ou à dos d'homme.

Au cours du processus de sédentarisation, les peuples nomades ont eu beaucoup de difficulté à quitter leurs maisons rondes, érigées dans la forêt, pour des maisons de bois carrées, divisées en petites pièces cloisonnées et construites en rangées le long de rues rectilignes.

Le wigwam est le royaume du chef de famille. Chacun y a sa place et surtout un rôle vital à jouer en vue du confort et du bien-être de la communauté. Dans l'unique pièce centrale, les séparations sont invisibles, psychologiques, mais elles existent bel et bien. Le sol intérieur est couvert d'un épais tapis de branchages de conifères que l'on change régulièrement.

La cuisinière prépare d'abord du pain amérindien, la bannique. Elle fait ensuite cuire des pommes de terre et d'épaisses tranches de saumon. Les arômes de pain chaud, de saumon doré et l'odeur du sapin, du bois qui brûle dans le poêle et du thé parfument l'intérieur de la tente.

Le moment venu, tous les convives se réunissent autour d'une nappe à carreaux étalée sur le tapis de branchages. Le chef remercie le Saumon et le Créateur pour leur générosité. Dans la hiérarchie des animaux, le saumon est roi et on le consomme avec respect.

La galette de bannique, gonflée, dorée, fume au centre de la nappe. Autour on a placé du beurre, de la graisse, le sel et le poivre. Par respect pour les animaux, les Amérindiens ne mélangent jamais les chairs au cours d'un même repas.

Du pain amérindien tout chaud, du saumon, des pommes de terre, du thé, tout est consommé dans la plus grande simplicité, sous la tente en pleine forêt, à la fin d'une journée de découvertes et de partage. Pour terminer le repas, de la bannique tartinée d'une couche de confiture de chicouté et du thé. Un délice !

Après le repas, on part pour une ballade nocturne à pied ou en raquettes à neige dans la forêt.

En soirée, si des liens de sympathie se sont tissés, le chef suspendra son tambour au poteau de la tente. Il aspergera la peau de gouttelettes d'eau, puis la caressera des doigts pour la tendre. Il racontera alors ses rêves, ses récits de chasse, puis il les chantera en s'accompagnant au tambour.

Festin, famille innue

Lac-Saint-Jean

Mashteuiatsh (Pointe-Bleue) *à aller*

La communauté innue (Montagnais) de Mashteuiatsh est établie sur les rives du lac Saint-Jean, véritable mer intérieure du Québec. Le peuple innu a profondément marqué l'histoire de cette immense région montagneuse qui s'étend de Tadoussac, à l'embouchure du Saguenay, jusqu'à la baie James. La toponymie amérindienne est encore utilisée sur tout ce territoire que les Innus occupaient bien avant l'arrivée des Européens au XVIe siècle. Ils se sont impliqués dans la traite des fourrures avec leurs nouveaux partenaires, ils ont servi de guides et d'employés pour la Compagnie de la baie d'Hudson, puis ils se sont installés définitivement sur cette magnifique pointe de terre qui s'avance dans le lac dont le nom montagnais est Piekouagami. Selon la légende, ce sont des castors géants, les Mista amish, qui ont construit un immense barrage, créant ainsi un bassin grand et peu profond dans lequel ils pouvaient nager et entreposer leurs réserves de nourriture. Au coucher du soleil, ajoutent les anciens, quand le vent tombe et que l'eau miroite des derniers rayons, Piekouagami ressemble à une gigantesque tache d'huile.

Mashteuiatsh est doté d'un très beau musée. On peut également visiter de nombreux ateliers et boutiques d'artisanat. Une magnifique promenade s'étend le long du quai et il est possible de loger sur des terrains de camping ou à l'auberge de jeunesse.

Les collections du musée, les expositions de pièces archéologiques ou d'œuvres d'artistes contemporains, les commentaires de guides professionnels et leurs animations sont une bonne initiation à l'histoire régionale, au patrimoine et à la vie des Innus.

Il ne faut pas manquer la boutique d'artisanat de M. et Mme Gérard Siméon, à peine visible dans la cour arrière de leur demeure, car ce sont de grands spécialistes de la culture amérindienne. En outre, M. Siméon est un conteur passionné de légendes et d'anecdotes sur l'histoire et la vie des Innus du Lac-Saint-Jean, les Piekouagami Ilnutsh.

entrevue

◀ Panier innu, écorce de bouleau

LA SOCIÉTÉ TOURISTIQUE INNU

Société Touristique Innu, voilà une entreprise autochtone prête à offrir la différence en matière d'ethno-culture, de tourisme d'aventure, de chasse et de pêche.

La Société Touristique Innu offre l'immensité des territoires des nations attikameks et montagnaises, parmi les premiers peuples du Québec, dispersés le long du littoral du golfe Saint-Laurent, sur les rives des affluents du Piekuakami (Lac Saint-Jean) et dans la Haute-Mauricie, au coeur même des forêts boréales de l'Est du Canada.

La Société Touristique Innu est d'abord un regroupement important d'entreprises-membres exploitant le tourisme en milieu autochtone sur quatre saisons, qui ont choisi d'ouvrir l'immensité des territoires des Premières Nations du Québec qui y vivent depuis des millénaires. La Société Touristique Innu a choisi de recruter les meilleures pourvoiries, les sites d'accueil les plus confortables, les plus belles destinations riches en patrimoine autochtone.

À la fois conseillère auprès des communautés attikameks et montagnaises et porte-parole sur les marchés touristiques, la Société Touristique Innu ouvre la porte des grands espaces pour faire vivre des moments qui marqueront la mémoire. Jamais les peuples autochtones n'ont autant ouvert les bras pour partager leur culture et leur patrimoine.

34

« Trancher le castor », sculpture sur pierre de Thomas Siméon

Thomas Siméon est un artiste qui sculpte dans la pierre les histoires que raconte son père.

La famille Robertson de Mashteuiatsh a toujours vécu de la fourrure. Tous ses membres ont été trappeurs, commerçants ou fourreurs et cette industrie n'a plus de secrets pour eux.

À l'auberge Kokum, on peut loger dans l'intimité de la communauté, goûter à la nourriture locale, rencontrer des Innus et bavarder avec eux autour d'un bon repas ou devant l'âtre. Elle fournit, en plus de renseignements pertinents, une excellente documentation. L'auberge est aussi le point de départ d'excursions de « vie en forêt » organisées ou adaptées au goût des visiteurs.

Pour ceux qui veulent partir à la découverte des grands espaces vierges du Moyen Nord québécois et entrer en contact avec diverses nations autochtones, il existe un itinéraire unique en son genre qui conduit jusqu'à la limite des voies de circulation. Les routes sont carrossables, mais en certains endroits peu fréquentées, voire désertes sur quelques centaines de kilomètres. Il faut prendre les précautions d'usage, surtout en hiver, car la piste du Moyen Nord se présente dans sa partie septentrionale comme un interminable ruban qui serpente dans une forêt dense d'épinettes noires. La démesure des paysages, comme le contact avec les hommes et les femmes enracinés dans ce territoire sont autant de découvertes exaltantes.

Côte-Nord

Hydravion, fjord du Saguenay

La chapelle indienne de Tadoussac

Les petits monuments, humbles témoins de l'Histoire, sont souvent les plus intéressants et les plus significatifs. C'est le cas de la petite chapelle amérindienne de Tadoussac, la plus vieille chapelle de bois d'Amérique du Nord. Elle révèle le passé souvent héroïque des missionnaires dont la foi a heurté de plein fouet les croyances des peuples autochtones qui étaient profondément enracinées dans leur tradition et constituaient le fondement de leur vie spirituelle, économique, politique, et de leurs relations avec les humains, les animaux, l'environnement.

Archéo-Topo

Cette exposition, consacrée au panorama préhistorique en haute Côte-Nord, occupe depuis 1995 quatre salles du nouveau complexe récréo-touristique de Grandes-Bergeronnes. En plus de ses extraordinaires paysages, le secteur entre Tadoussac et Betsiamites est une mine de vestiges archéologiques d'un grand intérêt. Une approche muséologique très nouvelle et le choix des pièces font comprendre facilement le mode de vie des communautés nomades de la préhistoire et les raisons qui ont fait de la haute Côte-Nord leur terre de prédilection.

L'exposition s'ouvre sur une initiation à la « lecture préhistorique » des paysages et évoque, par l'intermédiaire d'un décor, d'un film vidéo, d'images virtuelles et d'un diaporama, les recherches des précurseurs de l'archéologie dans la région. Cette recherche, commencée en 1915 avec l'Américain Frank Speck, a été réanimée dans les années cinquante par Louis Gagnon, qui s'est attaché aux multiples objets dont la terre regorge. De jeunes archéologues québécois ont pris le relais depuis 1980.

L'exposition se poursuit sur le thème de l'archéologie dans le paysage, avec des sous-thèmes, qui traitent des recherches et de leurs résultats, et des raisons qui ont entraîné des communautés de chasseurs-cueilleurs à

Artefacts inuits (pointes de projectiles), détroit d'Hudson

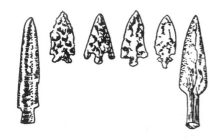

établir à cet endroit des campements le long du fleuve Saint-Laurent. Un laboratoire illustre le travail des chercheurs lors de l'identification et de l'analyse des objets.

La visite s'achève par un jeu-questionnaire informatisé permettant à chacun de mesurer son degré de nomadisme et, en fonction de ses réponses, de recevoir un parcours adapté à ses centres d'intérêt et à ses besoins.

Un hall abrite une boutique de souvenirs et un comptoir d'information pour les excursions offertes au quai.

Le Musée amérindien et inuit de Godbout

*André Vollant, sculptant un ▶
masque dans le tronc d'un arbre,
afin que sa sculpure en conserve
l'âme ; l'arbre sera ensuite abattu
pour détacher l'œuvre*

Godbout est l'un des plus jolis villages de pêcheurs de la Côte-Nord. Il doit son nom à Nicholas Godbout, pilote-navigateur du XVIIe siècle, et est un ancien poste de traite de fourrures de la Compagnie de la Baie d'Hudson. Il est situé sur les bords du golfe Saint-Laurent, entre Baie-Comeau et Sept-Îles. Paradis de la pêche en haute mer, il offre aussi aux amateurs de pêche au saumon les ressources de la rivière Godbout. Un bateau traversier assure la liaison Godbout-Matane.

Le Musée amérindien et inuit de Godbout a été installé dans une propriété de Stanislas Comeau, fils du naturaliste auquel la ville de Baie-Comeau doit son nom. On y trouve une collection d'oeuvres d'art amérindien et inuit. Le musée est complété par un atelier de poterie où l'on peut voir travailler les artistes (le fondateur du musée est le céramiste Claude Grenier) et par la galerie d'art « Le Grenier ».

L'ART CULINAIRE

Les Amérindiens font une nette distinction entre ce qu'ils nomment la « nourriture de bois », composée généralement de gibier, et la « nourriture des Blancs » qu'ils se procurent en magasin. Réflexion d'un Amérindien : « Le jour où nous achèterons toute notre nourriture au marché, ce sera la fin de notre culture et il n'y aura plus de véritables Innus. »

Les Amérindiens d'aujourd'hui ont conservé leur patrimoine culinaire. Le caribou, l'orignal, le castor, le saumon, l'oie sauvage, le porc-épic sont toujours au menu et sont apprêtés de différentes façons. Cette cuisine s'est cependant adaptée au goût du jour et les techniques modernes de cuisson sont couramment utilisées.

Nous assistons à la naissance d'une fine cuisine d'inspiration amérindienne. De plus en plus de restaurants se spécialisent dans ce domaine, et nombreux sont ceux qui offrent au moins quelques plats typiques, tels que la sagamité, le wabano, la bannique. Ces mets sont faits de produits frais, provenant du milieu, et appartenant à la tradition alimentaire soit des Iroquoïens, soit des Algonquiens ou des Inuits. Il peut s'agir de caribou braisé pour les uns, de saumon poché de l'Atlantique pour les autres, ou d'un lièvre à l'ail des bois servi dans une sauce aux noix ou aux chicoutés, accompagné de riz sauvage ou de crosses de fougères. Pour dessert, des bleuets, des framboises, des fraises, selon les saisons.

Mingan

Le village innu de Mingan est situé sur la côte nord du fleuve Saint-Laurent, dans l'un des environnements les plus exceptionnels du Québec. C'est en premier lieu, la route qui nous y conduit qui est impressionnante. Elle est creusée au flanc de la falaise. Elle surplombe l'immense golfe du fleuve et enjambe de nombreuses rivières qui viennent y mourir en douceur ou se précipitent avec fracas dans ses eaux.

Hiver comme été, beau temps ou mauvais temps, les spectacles diversifiés coupent le souffle, ébahissent, émeuvent. Les couchers et les levers de soleil sont inoubliables. Du côté terre se côtoient les paysages désertiques et rocheux de la toundra, les conifères rabougris et les lichens de la taïga.

Le village de Mingan est à quelque deux heures de route de Sept-Îles et à trente minutes de Havre-Saint-Pierre. Mais ici, dans l'immensité et le dépaysement, le temps ne compte plus. La communauté est chaleureuse et accueillante

Les « pots de fleurs », en bord de côte de Minganie

À l'entrée, un petit centre d'interprétation présente différentes facettes de la vie et de l'histoire des Innus. Vous pouvez y laisser votre véhicule et visiter le village à pied. Flânez sur les quais. Vous risquez à tout moment de voir surgir une baleine. Si elles vous intriguent, partez en croisière sur l'un des bateaux. De nombreuses excursions sont offertes en haute mer ou sur les îles de la Minganie.

L'église de Mingan est au coeur du village et mérite que l'on s'y arrête. Les Innus l'ont construite à leur image. Ils ont sculpté le chemin de croix à leur façon, taillé leurs statues dans le tronc des arbres, construit le mobilier dans des matériaux tirés de l'environnement: ils montrent leurs liens avec la forêt, la terre, les animaux. Les ornements sont en peau, les scènes brodées aux poils d'orignal.

Ce n'est là qu'un aspect des activités offertes par la communauté. Les plus téméraires peuvent y faire de la motoneige l'hiver, du canot de rivière l'été, vivre plusieurs jours sous la tente et s'initier à la gastronomie amérindienne.

Abitibi-Témiscamingue

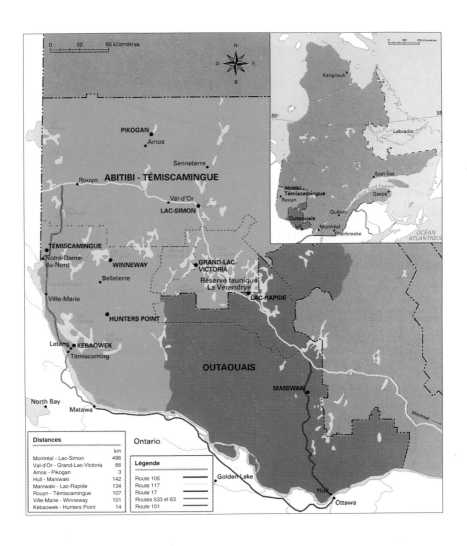

Distances	
	km
Montréal - Lac-Simon	496
Val-d'Or - Grand-Lac-Victoria	66
Amos - Pikogan	3
Hull - Maniwaki	142
Maniwaki - Lac-Rapide	134
Rouyn - Témiscamingue	107
Ville-Marie - Winneway	101
Kebaowek - Hunters Point	14

Légende

Route 105	
Route 117	
Route 17	
Routes 533 et 63	
Route 101	

« *Notre pays s'en va bien loin d'ici. Nos territoires de trappe et de chasse couvrent toutes les hauteurs à la tête des eaux. Des rivières y naissent qui coulent vers le Nord, vers l'Est, vers le Sud et vers l'Ouest. Notre pays est partagé entre le taïga et la toundra. Nous savons vivre où finissent les arbres. Nous savons vivre au bord des lacs et sur les lacs quand ils sont pris par l'hiver. Nous savons vivre dans la forêt épaisse du côté du grand soleil. Les tourbières, les marécages, les étendues de roches, les sols pelés par le vent ne nous font pas peur.* »

Bernard CLAVEL

Là où s'arrête la route, s'étend une région, l'Abitibi. Territoire aux lacs immenses en pleine forêt boréale, au coeur des grands espaces sauvages.

L'Abitibi est un pays de démesure, aux 100 000 lacs et gigantesques rivières. Nous sommes aux confins du Québec, dans une région presque aussi vaste que la France, avec seulement 165 000 habitants. Pays de la rivière Harricana, l'Abitibi est nourrie de l'histoire de ses premiers occupants, les Cris et les Algonquins et celle de ses pionniers et chercheurs d'or ...

Trois circuits d'été

Sur le chemin des ancêtres

Sur le chemin des ancêtres est un séjour avec les Algonquins du Grand lac Victoria, dans la réserve faunique de La Vérendrye.

Les Algonquins continuent à utiliser les chemins et les lieux de campement de leurs ancêtres dont l'histoire est liée à celle du commerce de la fourrure.

Forfaits de 3 à 6 jours ou 6 jours de navigation en canoës traditionnels sur le Kitci Sagik (le Grand lac). Le mode de vie traditionnel des

47

Algonquins s'articule encore autour de la chasse, la pêche, la cueillette et le piégeage. Cette initiation peut renouveler les horizons de vie et faire découvrir des valeurs encore bien existantes : liberté, joie et courage. Loin de tout folklore, il s'agit de partager avec eux l'intimité de la vie quotidienne. Une expérience authentique...

Descente de l'Harricana avec les Algonquins

L'Harricana est une rivière. Certains prétendent qu'elle est la plus belle, la plus majestueuse de l'Abitibi. Son nom est algonquin : « la grande voie, la seule voie, le grand chemin ». Elle coule sur plus de 550 kilomètres et sa largeur dépasse parfois 500 mètres.

L'expédition sur l'Harricana est, une fois encore, l'occasion unique de vivre avec les Indiens algonquins. C'est avec amour et passion qu'ils transmettent leur connaissance profonde du territoire et leur relation intime avec les sites ancestraux.

La descente de l'Harricana en canoë, guidée par les Algonquins, formés par les Anciens à la connaissance du territoire, des animaux, des coutumes méconnues.

Grand tour des communautés indiennes du Québec

10 jours en minibus

Une immersion totale dans la vie des Mohawks, des Abénaquis, des Hurons, des Montagnais, des Cris et des Algonquins. La deuxième partie de ce circuit s'effectue au nord du Québec en pleine nature. Vous découvrirez des peuples vivant dans le respect des traditions et prêts à vous les faire partager.

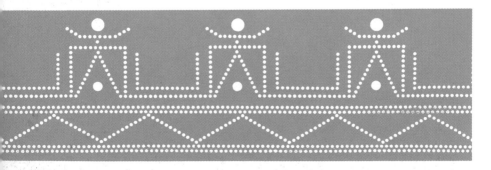

Randonnée en motoneige

Page précédente :
le Parc de La Vérendrye

Quatre circuits d'hiver

Danse avec les loups

Randonnées en raquettes, initiation à la trappe et observation des loups à la limite du Grand Nord Québécois, dans un pays immense où les nuits glacées sont éclairées par les aurores boréales. Quitter l'Abitibi, dépasser le 49e parallèle et séjourner sur les territoires de la Baie James. Affronter le froid qui varie entre -20° et -37 °C! Un froid sec, boréal, baigné par une lumière éclatante. Partager la vie des Algonquins, découvrir leurs territoires de trappe et dormir dans leurs campements traditionnels.

Sur les sentiers des chercheurs d'or

Tour de l'Abitibi en motoneige; 800 kilomètres d'espaces libres, de bois infinis à travers les 100 000 lacs. Quittant les machines, chaussé de raquettes, il est possible de croiser le renard, le lièvre blanc, le loup, le lynx et l'orignal.

L'aventure sauvage

Séjour en traîneaux à chiens à travers les sentiers du pays de l'Harricana.

Là où la route s'arrête, en Abitibi, débute la piste sauvage qu'on emprunte en compagnie des chiens. Raid exceptionnel où le traîneau glisse à travers les sous-bois sauvages et sur les lacs immenses. Rencontre avec les «Mushers», perdus au milieu de ces étendues boréales figées dans la neige et dans la glace sous une lumière éblouissante...

Survie en forêt boréale

Cette expédition vise à initier les participants à la forêt boréale ignorée des réalités européennes, éloignée et difficile d'accès, afin de les rendre capables de «survivre» dans cette région en utilisant les ressources du milieu. L'Abitibi est vraiment une terre d'aventures.

LE THÉ

En expédition ou en visite dans les communautés, le menu comprend couramment les produits suivants : castor, caribou, orignal, porc-épic, saumon frais ou fumé, touladi, ouananiche et lièvre accompagnés de bannique et arrosés de thé noir tiède.

Le thé se boit tiède, avant, pendant et après les repas ; en fait, on en consomme à toute heure du jour et de la nuit. Dans toutes les maisons, sous toutes les tentes, frémit dans un chaudron l'épais thé noir que chacun rallonge à l'occasion en y ajoutant de l'eau. La coutume veut que l'on se serve à sa guise.

Au cours des expéditions d'hiver ou d'été, on fait halte pour allumer un feu, puiser de l'eau et faire infuser le thé dans un chaudron noir et tout cabossé réservé à cet usage. Dès que l'eau frémit, on y lance deux sachets de thé par personne. Ces haltes sont calculées d'avance par le chef en fonction de la distance à parcourir et du temps disponible. Elles ont lieu à des endroits traditionnellement fréquentés par les ancêtres et qui révèlent encore des traces de présence humaine : berges aménagées pour l'accostage ; foyer en pierres avec crémaillère, bois calciné ou en réserve, sentiers, poteaux de tentes encore dressés.

Ces haltes traditionnelles constituent de véritables sites archéologiques fort intéressants. L'histoire des peuples autochtones n'est pas écrite, mais conservée dans la mémoire des individus, dans le paysage et dans le sol, visible dans l'environnement naturel. Ce sont des lieux sacrés, car on y a presque toujours inhumé des vieillards décédés sur le territoire de chasse ou des enfants emportés par la famine ou les épidémies.

Ville-Marie

le Parc historique national du fort Témiscamingue

Le Parc historique national du fort Témiscamingue est situé sur la rive orientale du lac Témiscamingue, à environ huit kilomètres au sud de la localité de Ville-Marie, dans le Nord-Ouest québécois.

Le thème traité couvre le rôle de ce lieu comme poste de traite des fourrures, ainsi que son fonctionnement. Indirectement, il aborde l'histoire amérindienne à travers les éléments d'expositions permanentes et l'information transmise par les guides. Le visiteur apprendra que le site actuel était sporadiquement fréquenté par des Archaïques laurentiens : il y a plus de 4 000 ans. Relativement à une période plus récente, il mentionne, entre autres choses, la contribution des Algonquins aux activités de chasse à la trappe et au commerce de la fourrure, leurs connaissances des plantes médicinales, l'évolution de leur évangélisation, etc.

Fusils, couvertures, chaudrons et breloques de traite, troqués par les Algonquins au fort Témiscamingue contre des fourrures

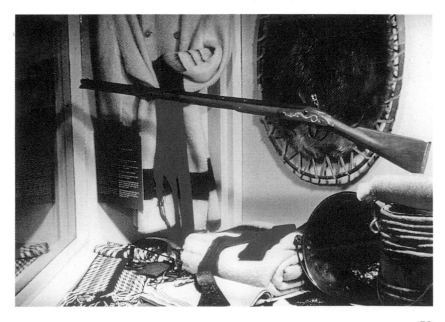

LA BANNIQUE

La bannique est le pain traditionnel de tous les autochtones et
fait partie de tous les repas.

À l'origine, ce pain était fait avec
de la farine de maïs. Aujourd'hui,
elle est remplacée par la farine
de blé, dite farine blanche, des
marchés d'alimentation.

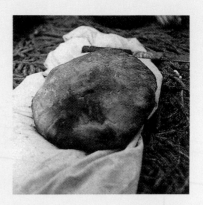

La bannique se cuit au four, à la
poêle ou directement sur le
poêle à bois, comme une crêpe ;
dans les grandes occasions, on
la fait cuire dans un puits de
sable préalablement chauffé à
blanc. Les Inuits roulent la pâte
entre leurs mains et lui donnent
la forme d'un boudin qu'ils plongent en spirale dans un chaudron d'huile très chaude. La pâte
est alors frite comme un beignet.

La bannique a une saveur particulière. La pâte est dorée et
croustillante en surface, mais
consistante à l'intérieur, car on
incorpore très peu de levure à la
farine. Parfois s'y ajoutent des
bleuets, des chicoutés ou
d'autres fruits, pour en faire un
dessert. Ce pain est très nourris-
sant et se conserve longtemps.

Comment faire de la bannique

Ingrédients :

1 litre de farine (4 tasses)
10 ml de sel (2 c. à thé)
25 ml de poudre à pâte
  (2 c. à table)
375 ml d'eau (1 1/2 tasse)

Préparation :

Mélanger les ingrédients secs et
faire un puits.

Ajouter 375 ml d'eau (1 1/2
tasse) au centre du puits.

Avec une cuillère, ramener pro-
gressivement toute la farine vers
le centre.

Pétrir la pâte avec les mains en
la saupoudrant légèrement de
farine.

Abaisser la pâte à environ 4 cm
(1 1/2 po).

Chauffer le four à 200 °C
(400 °F).

Réchauffer au four une plaque à
biscuits et y déposer la pâte.

Cuire pendant une demi-heure
de chaque côté et manger avec
du beurre et de la confiture !

Le fort Témiscamingue est demeuré un poste de traite actif jusqu'au début du XXᵉ siècle. Encore aujourd'hui, cinq bandes de Premières Nations résident dans la région limitrophe du site.

Ce parc historique est ouvert au public du début de juin à la fête du Travail (1ᵉʳ lundi de septembre). Des réservations sont toutefois nécessaires pour les groupes désireux de visiter les vestiges de ce qui fut un poste de traite pendant plus de 200 ans, de même que le centre d'interprétation temporaire et la forêt enchantée.

Gaspésie

Le monument Jacques-Cartier à Gaspé

Le monument Jacques-Cartier est situé en bordure de la route 132, à Gaspé, sur un promontoire surplombant la baie du même nom. Il est attenant au Musée de la Gaspésie.

Le monument est composé de six stèles de fonte en forme de dolmen, œuvre des sculpteurs Bourgault-Legros de Saint-Jean-Port-Joli. Il commémore l'arrivée en juillet 1534 du Malouin Jacques Cartier et de ses équipages en provenance de Saint-Malo. Pour l'explorateur et ses hommes, les onze jours passés dans la région furent une période de découvertes, de rencontres et d'échanges avec des Iroquoïens de la vallée du Saint-Laurent qui s'y trouvaient de passage.

Les scènes et les textes gravés sur les stèles permettent de mieux saisir la signification de ce contact entre Français et Iroquoïens, ainsi que de mieux percevoir ces derniers.

Les Micmacs

La Gaspésie et les provinces maritimes constituent le territoire ancestral des Micmacs. Il y a trois communautés micmaques en Gaspésie. Restigouche, à la frontière du Nouveau-Brunswick, compte 2 500 personnes dont 1 580 vivent dans la réserve. Gesgapegiag, longtemps appelé Maria, a une population résidente d'environ 400 sur un total de 840. À Gaspé et dans les environs, 400 Micmacs vivent en étroite relation avec les Non-autochtones. Ils n'ont pas de territoire de réserve mais sont concentrés à Gaspé, Saint-Majorique et Pointe-Navarre. Par ailleurs, le Nouveau-Brunswick, la Nouvelle-Écosse et l'Île-du-Prince-Édouard regroupent quelque 15 000 Micmacs.

Restigouche a connu un essor socio-économique important au cours de la dernière décennie. Un plan de développement touristique a été élaboré et permet déjà plusieurs réalisations. Entre autres, le Centre d'interprétation de la culture micmaque, aménagé dans le vieux monastère du village, a ouvert ses portes en 1990. De plus, un complexe culturel et touristique comprenant la reconstitution d'un village micmac du XVIIe siècle, ainsi qu'un jardin produisant les plantes médicinales utilisées traditionnellement par les Micmacs.

La pêche au saumon a toujours fait partie du mode de vie des Micmacs. Depuis 1982, Restigouche signe chaque année avec les gouvernements du Québec et du Canada une entente fixant les quotas de pêche au saumon. Le Québec alloue annuellement quelques centaines de milliers de dollars pour la conservation du saumon par les Micmacs et pour la création d'emplois en ce domaine.

De leur côté, les Micmacs de Gesgapegiag ont formé, en 1985, la Société de gestion de la rivière Cascapédia composée de Micmacs et de Non-autochtones, en nombre égal. Elle procure une trentaine d'emplois aux Micmacs et offre des journées de pêche très recherchées par les pêcheurs sportifs.

Par ailleurs, la Coopérative d'artisanat micmac de Gesgapegiag a une renommée internationale et accueille des milliers de touristes, chaque année. Les produits, fabriqués sur place, sont également exportés vers plusieurs endroits au Canada et aux États-Unis. Les paniers de frêne

Costume traditionnel micmac

Guerriers micmacs combattant à la Ristigouche aux côtés des Acadiens et des troupes régulières françaises

et de foin d'odeur sont la spécialité des Micmacs depuis plusieurs générations. Pour leur part, les Micmacs de Gaspé ont ouvert aux visiteurs, en 1992, le Village historique micmac de Gaspé. Il s'agit d'une réplique d'un campement du XVIe siècle.

Les Micmacs étaient reconnus comme des gens de la mer. Ils se construisaient des bateaux pouvant les transporter jusqu'à l'Île d'Anticosti et même plus loin. Tout au cours de l'histoire de la Nouvelle-France et même lors des querelles avec la Nouvelle-Angleterre, les Micmacs demeurèrent les alliés fidèles des Français. En 1760, la baie de Restigouche fut témoin de la dernière bataille de la guerre de Sept Ans. En 1990, les Micmacs de Restigouche ont renfloué du fond de la baie un navire français qui avait sombré lors de cette bataille. Ce bateau, le Marquis-de-Malauze, fait maintenant partie des attraits touristiques de Restigouche.

Cette bataille ayant été gagnée par les Anglais, la Gaspésie vit arriver, à la fin du XVIIIᵉ siècle, de nombreux réfugiés de la Nouvelle-Angleterre. Ceci amena des changements profonds dans la région. Les Micmacs s'y sont peu à peu adaptés et plusieurs sont devenus bûcherons, ouvriers de construction ou d'usine.

Le Micmac est encore parlé par plusieurs personnes de Restigouche et de Gesgapegiag et est enseigné à l'école. Les Micmacs de Gaspé parlent français tandis que la langue seconde des deux autres communautés est l'anglais. De plus en plus de jeunes Micmacs parlent aussi bien le français que l'anglais.

Fort de Listigouche (1760) : première phase de la reconstitution

SAGESSE AMÉRINDIENNE

Le Grand Créateur de toutes
choses créa le Loup et le Loup
sait qui il est ;

Le Grand Créateur de toutes
choses créa l'Aigle et l'Aigle sait
qui il est ;

Le Grand Créateur de toutes
choses créa la Terre mère et la
Terre mère sait qui elle est ;

Le Grand Créateur de toutes
choses créa l'Homme et parfois
l'Homme oublie qui il est.

Famille micmaque devant la maison ronde, en écorce de bouleau

Réapprendre la vie au village de Listuguj

Ce village est une réplique exacte d'un village ancestral, tel qu'il en existait avant l'arrivée des Européens dans la Baie-des-Chaleurs. Vous y découvrirez comment les Micmacs vivaient à cette époque : chasse, pêche, alimentation, vêtements, spiritualité, organisation sociale, etc.

Vous pourrez aussi entrer dans le Centre d'arts et culturel - essentiellement instauré pour répondre aux besoins artistiques et éducationnels de la communauté - et y voir travailler artistes et artisans. Les murs ont été peints par des artistes locaux. Le Centre a pour but, non seulement d'illustrer la vie traditionnelle des Micmacs, mais aussi tous les aspects de leur vie contemporaine.

Village traditionnel micmac

LE MENU

Le menu traditionnel des Amérindiens, très varié, se renouvelle à chaque saison. « La forêt est notre garde-manger », disent les Amérindiens. Les saisons de chasse ou de pêche coïncident avec les moments de l'année où la chair de l'animal est le plus propre à la consommation. Les Amérindiens ont le palais fin et détectent au goût l'époque où l'animal a été tué ou le poisson pêché. C'est pour eux un critère important. Plusieurs peuples ne comptent pas quatre, mais six saisons et chacune a un lien précis avec une activité liée à la quête alimentaire ou à la mise en conserve d'aliments pour l'hiver.

Séchage de l'omble de l'Arctique

Le lac Champdoré

LA PISTE
DES
VOYAGEURS

Les milieux nordiques

Les voyageurs étaient des maîtres de canot à la solde des grandes compagnies de traite des fourrures. Leur rôle consistait à former des brigades d'engagés chargés d'approvisionner en marchandises de troc et en nourriture les comptoirs de traite situés dans des lieux d'accès difficile et de ramener vers les centres urbains los lourds et précieux ballots de fourrures. Les Canadiens français excellaient dans cette tâche. Ils partaient à l'aventure dans les célèbres rabaskas, immenses canots de dix mètres fabriqués pour la plupart dans la région de Trois-Rivières. Les voyageurs choisissaient des hommes de taille moyenne, musclés et robustes.

La débâcle des glaces donnait le signal du départ. Les brigades, formées chacune de plusieurs canots, filaient à toute allure vers la baie James et la baie d'Ungava ou s'enfonçaient dans les contrées encore vierges de l'Ouest canadien, jusqu'aux montagnes Rocheuses, vers les confins du continent...

En effet, atterrir sur un aéroport au cœur de la toundra, basculer dans un monde aux proportions inimaginables, se laisser entraîner par un rythme de vie différent concourent à créer le dépaysement total. L'expérience ne se termine pas là. Les paysages sont saisissants, l'imagination vagabonde au gré du vent, on a constamment le sentiment d'être le premier à fouler ce sol gelé, à suivre telle ou telle rivière, à admirer une fleur éclatante de couleur qui ne vivra que quelques heures. Il faut aussi savourer de gros morceaux de saumon rose fumant en buvant à petites gorgées une tasse de thé chaud. Il faut voir le ballet des aurores boréales, les majestueuses envolées d'oies sauvages, les troupeaux de caribous, les ébats des phoques sur la banquise, les bonds prodigieux des saumons géants dans les cascades limpides.

C'est un milieu dur où il faut sans cesse lutter pour vivre, où le visiteur fait provision d'images ineffaçables, de liens solides noués en quelque sorte hors du temps mais qui ont valeur d'éternité.

Baie-James

et région de Schefferville

Lever de soleil sur le lac Kawapishulnut

Aventures Mistissini chez les Cris

« Aventures Mistissini » entraîne les visiteurs à la découverte de la vie quotidienne et de la culture cries sur les rives du plus grand lac naturel du Québec, le lac Mistissini, situé à 800 km au nord de Montréal.

Les randonnées se font en groupes de huit personnes sous la conduite de guides expérimentés. En résumé, il s'agit d'un magnifique voyage d'exploration au cœur de la forêt boréale du Moyen Nord québécois. Les hôtes sont M. et Mme Awashish.

Au départ et au retour de l'excursion, les visiteurs sont hébergés dans le camp même de « Aventures Mistissini » où les repas à base de gibier et de poissons exquis sont préparés par l'hôtesse.

Le départ de l'excursion en pleine nature sauvage se fait en hors-bord jusqu'à la source de la rivière Chalifour où attendent guides et canoës pour une aventure de deux jours en forêt. Les excursionnistes trouveront sur place tout ce qu'il leur est nécessaire pour monter leur propre tipi.

Programme

Transport aller et retour en minibus : aéroport de Chibougamau. Hébergement dans le camp de « Aventures Mistissini » la première et la dernière nuit. Hébergement en tipi les autres nuits.

Trois repas copieux par jour. Des îles et des plages l'été. Beaucoup de neige l'hiver.

Toutes les activités, à l'exception d'un vol facultatif au-dessus du territoire, et tout l'équipement nécessaire aux différentes activités et excursions sont compris.

Activités sportives en fin de journée l'été (ski nautique, voile, plongée, pêche.)

*Campement innu, lac Tambour :
poêle de la Compagnie de la
Baie d'Hudson*

Campement cri, baie d'Hudson

Artiste inuit de Povungnituk

Nessipi Kantuet chez les Innus

Nessipi Kantuet est une belle histoire de solidarité familiale, de respect des ancêtres et des traditions, d'attachement à la culture traditionnelle. Nessipi, un chasseur innu de la région de Schefferville, passa toute sa vie sur son territoire natal. Lorsqu'il prit sa retraite, il le légua à son fils Grégoire comme le veut la tradition.

Grégoire et sa compagne, Marie-Marthe, déjà parents de jeunes adultes, constatèrent que la vie avait bien changé, que le trappage n'était plus un gagne-pain suffisant et décidèrent un beau jour de donner au territoire « grand comme un pays », disait Grégoire, une nouvelle vocation. Ils en prenaient ainsi pleinement possession et s'assuraient de pouvoir le léguer à leur tour à leurs enfants. Toute la famille s'engagea corps et âme dans la création d'une entreprise touristique de caractère culturel. Aux yeux des Amérindiens et des spécialistes, la famille Gabriel innovait. Tous y contribuèrent : Nessipi, par ses connaissances du territoire qui remontaient loin dans le temps, Grégoire et Marie-Marthe, par la prise en charge de l'organisation matérielle. Daniel s'associa à l'entreprise en devenant guide expert et Kantuet, le petit-fils, suivit les traces des aînés. Ainsi naquit l'entreprise Nessipi Kantuet.

Cabane de trappeur, Québec Labrador

De nos jours, les Gabriel accueillent les visiteurs par petits groupes, comme s'ils étaient des membres de la famille, en provenance de Uashat, Maliotenam, Mingan et Natashquan. Ils sont reçus, le premier soir à Schefferville, dans une maison aménagée en auberge à laquelle on a ajouté un petit musée fort sympathique, une bibliothèque spécialisée et bien fournie en vidéocassettes. Dans la soirée, les hôtes sont invités à visiter la communauté. Le lendemain matin, ils partent en motoneige sur la piste de Nessipi, à travers la taïga, la toundra et les lacs gelés.

Cette randonnée d'une semaine en compagnie d'une famille innue qui fait partager sa connaissance du territoire et sa conception du monde, qui spontanément dévoile son âme et ses aspirations, est une expérience extrêmement féconde sur les plans culturel et humain.

Les activités auxquelles les visiteurs participent sont variées et ont l'avantage de s'intégrer à l'expédition. Les visiteurs ne sont pas des touristes passifs, mais des membres à part entière du groupe. Ils apprennent à se servir de leur motoneige pour jouir des paysages et visiter des lieux qui autrement seraient inaccessibles. Ils participent à toutes les tâches quotidiennes telles que dresser la tente, faire provision de bois de chauffage,

couvrir le sol de la tente de branches de sapin, puiser l'eau, pêcher la truite sous la glace, lever les pièges, etc. À la nuit tombante, par 30 °C sous zéro, lorsque tous sont bien au chaud autour du poêle, les conversations vont bon train. Satisfait de la journée, on perd toute notion du temps et de l'espace, on hume l'arôme des gros morceaux de truite en train de frire, on déguste le thé fort à petites gorgées. En fin de soirée, Daniel organise une sortie en raquettes sur la neige bleutée, au moment où les aurores boréales dansent dans le ciel.

L'été, c'est en canot sur les grands lacs ou les rivières et en faisant du portage sur des sentiers millénaires, que l'on suit les traces de Nessipi.

◀ *Famille Gabriel, sur la rivière du Pas*

Schefferville est une ancienne ville minière du Nord-Est québécois, à la frontière du Labrador. On peut s'y rendre en avion à partir de Montréal ou de tout autre aéroport du Québec. Sept-Îles (Uashat) est le point de départ idéal pour affréter un avion si l'on est en groupe. Le voyage par train à partir de Sept-Îles est le plus intéressant sur le plan des découvertes et dure 12 heures.

Le circuit commence à Montréal par une visite des musées McCord et Pointe-à-Callière. Ensuite, par la route, jusqu'à Québec, où l'on s'arrête au village ancestral huron-wendat de Wendake. De nouveau, par la route jusqu'à Tadoussac et sa petite chapelle indienne. Godbout propose qu'on s'y arrête pour explorer le musée amérindien et inuit du village. À Sept-Îles, il ne faut pas manquer de visiter la boutique de l'artiste André Vollant, de faire une promenade le long des quais pour admirer la marina et la baie de Uashat. Le vieux poste de traite et l'église méritent aussi un détour.

Le train de la Côte-Nord est surnommé « train des Indiens », car ce sont surtout les Innus, les Naskapis et leurs familles qui l'utilisent pour faire le trajet entre Uashat et Matimekosh ou Kawawachikamach, ou pour se rendre à leurs territoires de chasse le long de la voie ferrée. Les Amérindiens ont jadis participé à sa construction. C'est fort probablement le dernier train minier d'Amérique du Nord. Il longe dans son parcours la rivière Moisie, Mistashipu pour les autochtones.

Dans un paysage aussi vieux que le monde, le « train des Indiens » s'arrête souvent pour laisser descendre ou monter des chasseurs avec tout leur fourbi et même leurs prises. Tous les passagers se connaissent, et l'atmosphère est très détendue. Les enfants jouent ensemble, les femmes se regroupent pour bavarder. Quelqu'un gratte-t-il la guitare, c'est alors la fête à bord. Il n'y a pas de wagon-restaurant, chaque famille apporte sa nourriture et ses boissons qu'elle consomme dans le wagon même.

Les touristes arrivent à Schefferville en pleine forme où Marie-Marthe les attend sur le quai de la gare pour la seconde partie de leur séjour chez Nessipi Kantuet.

Ne pas perdre le Nord

Paysage d'automne

Pour une courte promenade en solitaire dans la forêt, la règle d'or est la prévoyance. Le visiteur doit informer le guide-accompagnateur du moment du départ, lui indiquer l'endroit où l'on désire se rendre et préciser l'heure du retour. Il faut emporter un peu de nourriture, une boussole, un couteau, un sifflet, des allumettes ou un briquet et un bon imperméable. À défaut de boussole, il choisira un point de repère : une montagne élevée, un arbre très haut. Il faut toutefois se méfier : dans la forêt ou la toundra, tout finit par se ressembler. Sur l'eau ou dans la neige, les distances sont trompeuses.

Pour plus de sécurité, il vaut mieux suivre les sentiers battus ou longer une rivière.

Les bêtes sauvages ont aussi leurs sentiers. Ceux des castors sont généralement perpendiculaires aux cours d'eau. Les caribous ont des pistes étroites qui se croisent sans cesse dans la mousse. Celles des humains sont larges, battues en leur centre, souvent balisées de distance en distance avec des rubans de couleur ou avec une marque faite à la hache sur le tronc d'un arbre.

Si l'on commence à douter de l'endroit où l'on se trouve, il vaut mieux s'arrêter. Si l'on est avec une autre personne, l'une restera sur place pendant que l'autre décrira un grand cercle pour tenter de s'orienter.

Si l'on s'est égaré, il faut commencer par allumer un bon feu en prenant toutes les précautions nécessaires. Le feu crée une atmosphère. Il rassure et permet de réfléchir. Si l'on choisit de poursuivre la route, on s'efforcera de localiser un ruisseau et de le suivre vers l'aval. Gravir une montagne est exténuant et ne mène nulle part sinon à un beau panorama. Un ruisseau finit par se jeter dans un lac ou une rivière. Les lacs les plus isolés sont généralement fréquentés par des trappeurs ou des pêcheurs qui y ont laissé des vestiges de feu de camp, peut-être même un abri ou une cabane. Au cas où rien de tout cela ne serait visible, on peut chercher la décharge (exutoire) du lac et la suivre ; elle conduira vers un lac et ainsi de suite.

Pour signaler son passage, il suffit de déraciner un jeune conifère et de le coucher au milieu du sentier, la tête vers la direction que l'on emprunte. Ce signe indique en même temps que l'on a besoin d'aide.

On peut aussi ramasser des poignées de mousse vert pâle et les accrocher sur son chemin aux branches des conifères. La mousse fraîche contraste avec l'environnement et forme une tache bien visible. À la croisée de plusieurs routes ou pistes, il faut barrer celle que l'on ne suit pas avec une branche placée en travers et indiquer la direction suivie par un jeune conifère orienté comme plus haut.

Comment apprivoiser le froid

Le froid! Un mot qui, à juste titre, en fait frissonner plusieurs! On ne badine pas avec lui. Pour qui sait vivre en sa compagnie, il devient un ami et un compagnon redoutable, mais agréable.

Parmi les «dernières frontières», les régions nordiques sont les lieux les plus sains, les plus isolés, les plus authentiques.

On a écrit que les régions polaires sont hostiles pour les humains. Pourtant de nombreux peuples circumpolaires y ont survécu et s'y sont épanouis en fondant de grandes civilisations, des nations de cultures riches et variées. Ils ont tout inventé: habitation, moyens de transport, techniques de chasse et de pêche, sans oublier ces vêtements si bien adaptés au climat qu'ils continuent à inspirer les manufacturiers du vêtement spécialisé. Les Inuits portaient des vêtements à doubles parois entre lesquelles circulait de l'air dont la température était dosée par un capuchon qui servait en quelque sorte de régulateur. Ils ont été parmi les premiers à doubler les vêtements de duvet, à utiliser la fourrure dans la confection, à coudre avec des nerfs ou des tendons en guise de fil, à utiliser les parois de l'estomac des bêtes tuées pour imperméabiliser, du sang et des œufs pour fabriquer la colle et les couleurs.

Toutes les parties du corps doivent être protégées contre le froid, en particulier les pieds, les mains et la tête. La meilleure technique est celle de la «pelure d'oignon», c'est-à-dire porter l'une par-dessus l'autre plusieurs épaisseurs de vêtements. Les nordiques ont l'habitude d'équilibrer la température du corps simplement en ouvrant leur anorak, en se déchaussant et en ôtant leur couvre-tête dans une pièce chauffée. S'il y a autant de mukluks ou de kamiks près des portes d'entrée ou dans le hall des édifices, c'est que tout le monde se déchausse pour régulariser sa propre température, pour ne pas mouiller le parquet et pour se sentir plus à l'aise.

Les pieds. Chausser des bottes à épaisses semelles antidérapantes, doublées de bottes de feutre amovibles. Pour la nuit, retirer les feutres et les faire sécher près d'une source de chaleur. Il est préférable d'enfiler deux paires de chaussettes: la première, légère, en coton; la seconde en laine. Lorsqu'on dort sous la tente et qu'il n'y a pas de chauffage, il faut

Cabanage d'hiver

s'assurer que les bottes ne gèleront pas et les garder à l'intérieur du sac de couchage.

Les mains. Enfiler des moufles à crispin, de préférence en cuir et doublées, par-dessus une première paire de moufles ou de gants de laine. Il faut les enlever le moins souvent possible lorsqu'on est en voyage. On se réchauffe les mains en les plaçant sous les aisselles ou en soufflant de l'air chaud dans les moufles.

La tête. Pour les sorties de longue durée, se couvrir d'une cagoule, d'une tuque ou d'un bonnet. Les oreilles et le cou doivent être bien protégés. L'anorak sera muni d'un capuchon ourlé de fourrure à long poil. Cette bordure protège les yeux contre le vent, les flocons de neige et la poudrerie et crée en quelque sorte un microclimat autour de la figure. En motoneige, il faut porter un casque à visière par-dessus le capuchon car le facteur éolien augmente le froid de façon vertigineuse et celui-ci gèle sournoisement les yeux et brûle au troisième degré toute surface de peau insuffisamment protégée.

TEMPÉRATURE MOYENNE
DES PRINCIPAUX VILLAGES DU NORD QUÉBÉCOIS

	Janvier		Juillet	
	°C	°F	°C	°F
Chisasibi	-22,4	-8,4	12,3	54,2
Inukjuak	-25,0	-13,0	8,9	48,0
Quaqtaq	-21,9	-7,4	6,0	42,8
Kuujjuaq	-23,9	-11,0	11,8	53,3
Kuujjuarapik	-22,8	-9,0	10,6	51,0
Mistissini	-19,7	-3,5	15,8	60,4
Schefferville	-23,0	- 9,4	12,8	55,1

On devra réactiver par un léger massage toute partie du corps qui blanchit ou devient insensible et toujours emporter des vêtements de rechange secs. À la fin d'une randonnée, une paire de chaussettes chaudes apporte plus de confort qu'un whisky sec.

Les bagages souples de type havresac sont de loin les plus pratiques. Ils se portent sur le dos et laissent les mains libres. Ils ont aussi l'avantage de bien se caler parmi d'autres bagages entassés dans le cométique, sur une motoneige ou dans les minuscules soutes à bagages des avions de brousse. Ils servent aussi d'appuie-dos ou de sièges sous la tente. Enfin il est prudent de doubler ses bagages avec deux sacs-poubelles pour protéger leur contenu contre l'humidité et de ranger les vêtements par catégories dans d'autres sacs en plastique.

Étonnant Nord !

Du point de vue climatique, l'Arctique est défini comme la région où la température moyenne quotidienne du mois le plus chaud ne dépasse pas 10 °C.

***

Les marées les plus fortes de la planète ont lieu à Kangirsuk dans la baie d'Ungava : dix-huit mètres de hauteur.

***

Dans les mers nordiques, il existe des zones où l'eau ne gèle jamais, malgré des températures extrêmement basses. Cette particularité porte le nom de « polynias » en russe et serait attribuable à l'action concertée des vents, de profonds courants marins et des marées. L'une des polynias les plus spectaculaires se trouve au Québec, dans le détroit de McLillan, à la pointe extrême de la baie d'Ungava et du Labrador. Ces eaux ouvertes, riches en mammifères marins, sont connues des Inuits qui les fréquentent depuis des millénaires. Ils peuvent y pêcher et chasser toute l'année en kayak.

***

La longue fourrure soyeuse et touffue du renard arctique a une capacité isolante remarquable et permet à l'animal de supporter une température de - 40 °C sans souffrir du froid.

***

Le village le plus septentrional du Québec arctique se nomme Ivujivik. À vol d'oiseau, Ivujivik est situé à 1 942 km de Montréal.

Salluit, la communauté voisine de Ivujivik est sur le 62e parallèle. Le sol est gelé en permanence été comme hiver et le pergélisol y atteint jusqu'à 275 m de profondeur !

Paysage de taïga

À 75 km au nord de Kuujjuaq, la taïga composée de pins gris, de mélèzes (épinettes rouges) et d'épinettes noires cède brusquement la place à la toundra. Celle-ci est constituée de mousses, de lichens, et est parsemée de fleurs fragiles à tiges très courtes. Des arbres nains tordus et rampants, plusieurs fois centenaires, cachés dans des boissières, des dépressions, des vallées, s'abritent par tous les moyens du vent implacable et dévastateur qui fouette ces grands espaces.

* * *

Le ptarmigan est un oiseau qui a des plumes sous les pattes qui l'isolent du froid, de la neige et de la glace. Il peut ainsi régulariser la température de son corps.

La sterne arctique est le plus résistant des oiseaux migrateurs communs. Elle voyage deux fois l'an d'un pôle à l'autre, parcourant ainsi une distance respectable de 35 000 kilomètres.

La marche dans la toundra

Le vent est le seigneur incontesté des contrées glacées. C'est lui qui d'heure en heure, les façonne, les transforme, les modèle. Les Inuits le connaissent bien et s'en méfient.

L'hiver, il n'y a ni route, ni sentier pour guider les pas et lorsqu'on marche chaudement vêtu d'un moelleux parka bourré de duvet, le nez enfoui dans la fourrure du capuchon et chaussé de grosses bottes, on a l'impression de flotter sur la neige ou de bondir sur la peau de caribou d'un immense tambour. Le sol vibre sous le corps, les pas battent la mesure.

L'été, si l'on fait fi des légions de moustiques, marcher dans la toundra réserve des surprises. En terrain vierge, tout est arrondi, sinueux, en pente, solide ou spongieux, avec des creux et des monticules. On sautille, toujours en équilibre précaire sur un caillou, une motte de tourbe... on zigzague sur la pointe des pieds. Souvent, devant une falaise, on se transforme en grimpeur. Les jambes, les mains, les bras, la colonne vertébrale, tout le corps s'articule, tous les muscles entrent en mouvement.

Les Inuits sont des gens trapus, musclés, ronds, arqués du dos et des jambes. Ils ne marchent pas, mais bondissent. Un vieux chasseur avouait un jour :

« Lors de mon premier voyage à Montréal, j'ai cru que je n'arriverais jamais à marcher en ligne droite sur un trottoir de béton. Regarder droit devant me donnait le vertige ! Je ne savais plus où poser le regard et les pieds. Aujourd'hui, j'ai l'habitude, mais il y a encore trop d'arbres, de gazon, d'édifices. Je ne m'habitue pas au vert. C'est une couleur violente, qui m'agresse. Les édifices en hauteur m'écrasent. Ce qui me trouble le plus dans les villes, c'est qu'on ne voit pas plus loin que le bout de son nez, la vue bute sur un mur, une clôture, des arbres... Je reviens toujours de Montréal avec un terrible mal de dos... »

Les yeux jouent un rôle essentiel dans la marche. Ce sont eux qui indiquent où et comment poser les pieds. Dans la toundra, les yeux sont des radars qui balaient sans cesse le terrain et transmettent les ordres du cerveau aux muscles. Marcher devient alors un exercice complexe qui exige une excellente coordination visuelle et motrice, et un sens très développé de l'observation.

Camp inuit, baie d'Hudson

Nunavik

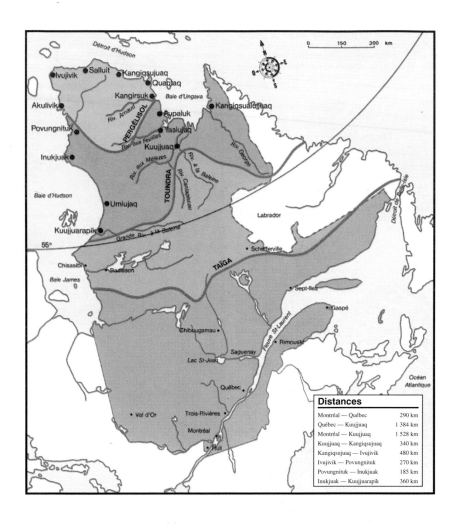

Distances

Montréal — Québec	290 km
Québec — Kuujjuaq	1 384 km
Montréal — Kuujjuaq	1 528 km
Kuujjuaq — Kangiqsujuaq	340 km
Kangiqsujuaq — Ivujivik	480 km
Ivujivik — Povungnituk	270 km
Povungnituk — Inukjuak	185 km
Inukjuak — Kuujjuarapik	360 km

La patrie des Inuits

Le Nunavik, situé à l'extrême nord du Québec s'étend à perte de vue sur quelque 500 000 km^2 et occupe le tiers de la superficie totale du Québec. Peuple nomade jusque vers les années 1950, les Inuits se sont regroupés en quatorze collectivités le long de la baie d'Hudson et de la péninsule de l'Ungava.

Pour le touriste en quête d'aventures hors du commun, le Nunavik est un univers à explorer. Cela commence habituellement par une balade en hydravion ou en avion de brousse. Amerrir dans un fjord inondé de lumière ou atterrir dans un petit village niché au milieu de l'immensité est déjà une expérience unique. Même après plusieurs visites, on n'en finit pas de découvrir le territoire des Inuits, ces grands maîtres de la nature nordique. En moins de deux heures, ils construisent un igloo, petite merveille d'habitation qui garde ses habitants au chaud, à l'abri des vents glacials. Lorsque tous sont installés, la cordialité et la chaleur humaine règnent et l'on ne s'ennuie pas. On peut toujours sortir pour admirer les constellations, le saisissant spectacle d'une aurore boréale qui danse dans un chatoiement de couleurs. Au matin, on se fait réveiller par le hurlement des chiens, impatients de reprendre la route.

Figurine de pierre et de bois de cerf, de Peter Inukshuk, Musée des beaux-arts de Montréal

NOUS, LES QUALLUNAAT...

Les Inuits ont surnommé Quallunaat les premiers étrangers qu'ils ont rencontrés. Quallunaat signifie «les sourcils épais». Les Inuits et les Amérindiens étaient imberbes et avaient, dit-on, horreur des poils. Le mot est resté dans le vocabulaire nordique et désigne désormais tous les étrangers. Les Inuits ont également inventé un terme pour désigner les Européens; ils les ont nommés Ouiouimiut[1], car ces Blancs avaient l'habitude de ponctuer leur conversation de *oui, oui, oui* renforcés de mouvements affirmatifs de la tête.

L'auteur fréquente l'Arctique depuis longtemps et Tamussi Qumat, un notable inuit l'a, dès le premier jour, baptisé Umillialuk, c'est-à-dire «le grand homme à la barbe forte». Ce nom lui est resté depuis lors.

---

[1] *Miut*, en inuktitut, indique la provenance: Parismiut, Montréalmiut, Inukjuamiut, etc.

Malgré les changements radicaux qu'a subis leur société, les Inuits se sont adaptés à la vie moderne. Pourtant si tous les villages sont équipés de téléviseurs, d'appareils vidéo, de téléphones et de télécopieurs, les Inuits n'en ont pas moins préservé leur mode de vie ancestral et leurs valeurs.

Quand les grands froids sont terminés et que les ténèbres font place à la lumière, les jours s'allongent interminablement. En été, les lacs et les rivières regorgent de poissons, et la mer foisonne de baleines, de phoques et de morses. Certains phénomènes peu banals caractérisent le cycle de vie des animaux, entre autres, la migration du troupeau de caribous de la rivière Georges, qui renferme plus de 600 000 têtes et la nidification de milliers de marmettes aux îles Digges et Akpatok.

Les monts Torngat sont un paradis pour les alpinistes experts et novices et pour les randonneurs qui auront peut-être la chance d'observer un site archéologique datant de l'époque des Thuléens. Partout on peut emprunter les sentiers déjà tracés par les caribous. Au cours de la pause ou en soirée, les conteurs inuits puisent dans les trésors des légendes ancestrales.

Sculpture sur neige, Carnaval d'hiver de Québec

◁ a	△ i	▷ u	•
⊂ pa	∧ pi	> pu	< p
⊂ ta	∩ ti	⊃ tu	⊂ t
ᑲ ka	ᑭ ki	ᑯ ku	ᑉ k
ᒐ ga	ᒋ gi	ᒍ gu	ᒡ g
ᒪ ma	ᒥ mi	ᒧ mu	ᒻ m
ᓇ na	ᓂ ni	ᓄ nu	ᓐ n
ᓴ sa	ᓯ si	ᓱ su	ᔅ s
ᓚ la	ᓕ li	ᓗ lu	ᓪ l
ᔭ ja	ᔨ ji	ᔪ ju	ᔾ j
ᕙ va	ᕕ vi	ᕗ vu	ᕝ v
ᕋ ra	ᕆ ri	ᕈ ru	ᕐ r
ᖄ qa	ᖅ qi	ᖁ qu	ᖅ q
ᖕ nga	ᖕ ngi	ᖕ ngu	ᖕ ng

CHARTE SYLLABIQUE DE L'INUKTITUT

C'est le missionnaire anglican E.J. Peck qui, en 1880, mit au point pour les Inuits un système de caractères, le syllabique, permettant d'écrire l'inuktitut.

ᐊᖅᐳ ᒥᓐ ᐱᐅᒥᒃᑕᐃᑦ ? ᓱᑕᒪᖅᖃᓗᐅᑦ ᑐᕐᕈ.

ᖃᐃᐊᐊᕐᕐ ᐱᐅᓕᕐ ᐸᑦ ᐃᓄᑦ ᕿᐊᓕᖅᖅᕐᕈ.

Le Nunavik est riche en découvertes de toute sorte. Puvirnituk (Povungnituk), le berceau de l'art inuit au Québec, offre des excursions en traîneaux à chiens, des spectacles de katajjak (chants de gorge) ou une démonstration de sculpture sur stéatite. C'est à Ivujivik que des milliers de marmottes nidifient l'été avant de migrer en automne vers le Labrador. On peut faire de la motoneige dans la région du lac Guillaume-Delisle et du safari-photo à l'ours polaire à Kangiqsualujjuaq et à Inukjuak. Tous ces villages ont des guides expérimentés qui vous feront vivre une inoubliable aventure.

Les langues parlées sont l'inuktikut chez les Innuits du Nunavik, la langue crie chez les Cris de la Baie James et la langue innue chez les Montagnais. Chez les Inuits et les Cris, la seconde langue est l'anglais. Les Montagnais parlent tous français. Au cours des dernières années, le Nord québécois s'est grandement francisé : le français est compris dans toutes les communautés, en particulier par les jeunes.

La population inuite, comme celle des Amérindiens, bat tous les records de jeunesse. Quinze pour cent des Inuits ont moins de cinq ans et la moyenne d'âge est de dix-sept ans. Les personnes de cinquante et soixante ans sont des aînés et l'on a pour eux une grande estime. Elles ont pour rôle fondamental de transmettre aux jeunes leurs connaissances de la langue, des traditions, de l'histoire, du mode de vie et de la culture.

Les villages du Nunavik

Noms	Signification	Pop. inuite
VILLAGES DU LITTORAL DE LA BAIE D'HUDSON		
Kuujjuarapik	Petite grande rivière	427
Umiujaq	Qui ressemble à de la barbe	245
Inukjuak	Le géant	825
Povungnituk	Où il y a une odeur de viande putréfiée	881
Akulivik	Endroit entre deux baies	346
Ivujivik	Endroit où les glaces s'amoncellent	242
VILLAGES DU LITTORAL DE L'UNGAVA		
Salluit	Endroit aride	632
Kangiqsujuaq	La grande baie	350
Quaqtaq	Ce qui paraît gelé	204
Kangirsuk	La baie	324
Aupaluk	Endroit rouge	112
Tasiujaq	Qui ressemble à un lac	139
Kuujjuaq	La grande rivière	1 012
Kangiqsua- lujjuaq	La très grande baie	413

Réf. : Société Makivik, rapport annuel, 1987-1988.

Le jour et la nuit au Nunavik

en juin   en décembre

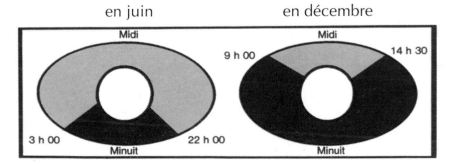

Une aventure à Inukjuak

On ne s'ennuie pas au Nunavik. C'est le pays de la légende et du surnaturel. Ici, tout se gagne et se mérite. Pour les visiteurs, les activités sont nombreuses et variées. Voici, à titre d'exemple, un voyage type à Inukjuak qui est à sa manière la capitale du Nunavik. Chaque village a sa particularité : il faut donc choisir avec soin sa destination, car les déplacements coûtent cher dans le Grand Nord.

Le seul moyen de transport vers le Nunavik est l'avion. Les quatorze communautés échelonnées sur les côtes de la baie d'Ungava ou de la baie d'Hudson ne sont reliées par aucune route terrestre. Il y a bien le bateau, une ou deux fois l'an à partir de Montréal, mais il transporte exclusivement des marchandises. Le Grand Nord, comme on dit généralement au Québec, n'exporte pour l'instant que ses productions artistiques et sa viande de caribou. Sa principale industrie demeure le tourisme.

Un tout petit rongeur : le lemming

L'avion que vous prendrez part tôt le matin de l'aéroport de Dorval, en banlieue de Montréal.

Tous les villages nordiques sont désormais dotés d'une bonne piste d'atterrissage et d'un aéroport minuscule mais moderne. Les installations aéroportuaires sont situées en pleine toundra dans le roc, à un ou deux kilomètres des habitations. Il est préférable d'être attendu par quelqu'un de l'endroit, le trajet étant difficile à faire à pied, en hiver à cause du froid et du vent, en été à cause des moustiques, si l'on ne dispose pas dès l'arrivée des moyens nécessaires pour s'en protéger.

Les visiteurs peuvent choisir de vivre chez l'habitant ou loger dans le petit hôtel de la communauté. Ils ont accès au magasin de la coopérative locale, propriété des Inuits, ou à celui de la Compagnie de la baie d'Hudson qui porte maintenant le nom de Northern. Il est préférable de bien repérer les lieux, car les rues ne portent pas de nom. L'hôtel est doté d'une cuisine communautaire bien équipée où l'on peut préparer ses repas. S'il y a un restaurant, les heures d'ouverture sont cependant aléatoires. Tout est subordonné à la température du moment qui peut en moins d'une heure bouleverser l'horaire des avions, le départ des excursions ou l'ouverture d'un musée. Il faut se tenir prêt à tout et savoir reconsidérer sur l'heure son programme d'activités.

L'IGLOO

L'igloo, véritable chef-d'oeuvre d'architecture, est un bon exemple de l'ingéniosité des Inuits. Construit avec le matériau le plus disponible, le bloc de neige découpé au couteau, il emprisonne la chaleur, fournie par les hommes et les lampes à gras. Il ne donne prise ni au froid, ni au vent.

À l'intérieur, deux niveaux. Une banquette surélevée, couverte de fourrures, qui sert de lit et d'atelier. Un niveau bas pour le rangement et les travaux salissants.

1. Des blocs de neige, taillés en biseau, dans le sens de la largeur et aussi vers l'intérieur, sont disposés en anneaux. 2. Un second anneau est superposé au premier, et la paroi est ainsi monté en colimaçon. 3. Quatre ou cinq rangées forment un dôme, fermé au centre par un bloc jouant le rôle de clé de voûte. 4.Une porte découpée dans la paroi, ou un tunnel, ouvrent l'accès.

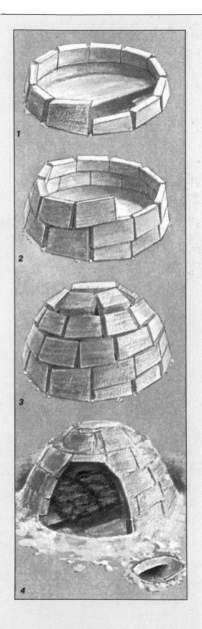

Un musée en forme d'igloo qui n'est pas fait que pour les touristes

Si l'on vit dans une famille, la première chose à faire est de se présenter à ses hôtes, puis de les interroger sur leur vie, la famille, le village, etc. Les enfants sont beaux, enjoués, curieux, et sont d'excellents guides. Ils connaissent bien le village et sont aussi de bons informateurs. En retour, le visiteur sera soumis à un barrage de questions sur sa vie, son travail, le sud, etc.

Une journée entière sera consacrée à visiter le village d'un bout à l'autre. Été comme hiver, les Inuits vivent à l'extérieur. On dit «Aï» pour bonjour et l'on serre la main, «Assunai» pour «comment allez-vous?», «Nakurmiik» pour «merci» et «Ilale» pour «bienvenue!». L'hiver, la vie se passe devant le magasin de la coopérative qui fait office de place publique et de parc de stationnement pour les nombreuses motoneiges. L'été, on peut passer plusieurs heures sur la plage à fureter entre les canots. L'activité y est, à certaines heures, très intense, et le spectacle des familles qui partent avec armes et bagages, ou de celles qui reviennent de la chasse, réserve des surprises. C'est l'occasion de photographier des visages, des personnages, des activités, en en demandant au préalable la permission. Généralement les Inuits l'accordent avec plaisir.

Au cours des promenades, on identifiera les lieux à visiter : le hall de l'école décoré de sculptures, de peintures, de murales, de dessins d'enfants, le musée en forme d'igloo qui renferme une collection d'objets anciens sur la vie traditionnelle du territoire. (On peut en demander la clé à l'école ou à l'Institut culturel Avataq.) Les ateliers de sculpture ont fait la renommée des Inuits ; ils ne sont pas ouverts au public et il faut les découvrir. Ce sont généralement de petites tentes basses, rondes, érigées à

proximité des demeures ou des cabanes sur la plage, ou un coin de la maison réservé à cet effet. Les sculpteurs travaillent assis par terre, la pierre entre les genoux. Il est préférable de demander à rencontrer un artiste connu sur rendez-vous.

Tous les voyages organisés offrent des excursions en canot, en motoneige ou en traîneau à chiens. Si le visiteur est seul, il peut s'entendre avec une famille et demander au chef l'autorisation de l'accompagner.

La gamme des activités est très large :
- excursion en traîneau à chiens ;
- excursion en motoneige ;
- excursion en canot ;
- safari-photo ;
- observation de la faune nordique : ours polaire, morse, baleine, caribou, oie sauvage, etc.
- observation de la flore, des fossiles ;
- nuit sous la tente ou dans un igloo ;
- dégustation de mets régionaux à différents endroits : sur une île, dans la toundra, sur la banquise (saumon, phoque, caribou, bannique) ;
- visite de sites archéologiques inédits ;
- soirées culturelles : rencontre avec les aînés, contes, légendes, chants, danses, chants de gorge traditionnels (katajjak), violon, accordéon, bombarde ;
- visite du cratère de Pingualuit.

LE TRAÎNEAU ET LES CHIENS HUSKIES

Au Québec, les excursions en traîneau tiré par de superbes huskies, bien entraînés pour ce sport, sont monnaie courante. Qu'elles aient lieu en forêt, sur les lacs gelés ou dans la toundra, ces randonnées font découvrir la féerie des merveilleux paysages d'hiver. Dans la toundra, les chiens sont attelés en éventail, car il n'y a pas d'obstacles en terrain ouvert, tandis que dans la forêt boréale ils avancent à la queue leu leu et suivent des sentiers tracés entre les arbres. Les randonneurs doivent s'habiller chaudement et s'assurer d'avoir un coussin pour se protéger le dos contre les chocs inévitables de la course sur les lacs gelés. Il faut de temps à autre se dégourdir les muscles en courant quelques minutes tout en tenant un manchon du traîneau. Avant de s'approcher des chiens, on doit en demander l'autorisation au *musher*.

Pour bien préparer une excursion, il est souhaitable de consulter le «Guide des chiens de traîneau» et, avant de se lancer dans un long trajet, de faire un petit tour de piste.

Excellent pisteur, grand chasseur, ce chien du nord est le seul animal qui après avoir flairé la présence d'un ours polaire se lance à sa poursuite. Il n'hésite pas à tourner autour d'un ours en aboyant furieusement et le tient en arrêt jusqu'à l'arrivée du chasseur. Tous les campements possèdent au moins un chien pour se prémunir contre les attaques des ours polaires.

L'Inuk l'utilisait comme animal de bât l'été et chien de traîneau l'hiver. Le husky pèse en moyenne cinquante kilogrammes et peut porter ou traîner le même poids. Chargé d'une demi-tonne, l'attelage classique de dix chiens parcourt environ cinquante kilomètres par jour, à la vitesse de 5 à 7 km/h.

L'animal le plus important de l'attelage est la chienne de tête ou leader. C'est généralement une femelle vigoureuse, fière, imposante et obéissante. Elle est précieuse et le maître d'équipage en prend grand soin, car dresser une chienne de tête est un travail long et difficile.

C'est grâce aux attelages de chiens que d'intrépides explorateurs ont pu se rendre jusqu'aux pôles. Amundsen et Scott ont utilisé les chiens de traîneau dans leurs explorations. Le dernier a été le grand explorateur français, Paul-Émile Victor. Il les a qualifiés de grands « héros polaires » au même titre que leurs conducteurs et maîtres. Les chiens de traîneaux sont pour cet homme courageux ses « compagnons de risque ». Il a su leur rendre dans ses ouvrages l'hommage qui leur est dû.

Pingualuit : le cratère de Nunavik

En 1948, un pilote des Forces aériennes du Canada a photographié une étrange dépression circulaire située à la pointe de la baie d'Ungava, au Nouveau-Québec. Remarquée pour la première fois en 1943 par les pilotes américains qui l'utilisaient comme point de repère lorsqu'ils volaient vers l'Europe, elle attira immédiatement l'attention et l'intérêt des spécialistes.

Un prospecteur aventureux, Fred Chubb, entreprit la première expédition vers ce cratère en 1950. Il espérait y découvrir des diamants, mais revint bredouille. Son expédition en un lieu des plus inaccessibles d'Amérique du Nord fut largement couverte par les médias.

La seconde tentative n'eut lieu que vingt ans plus tard par des chercheurs de l'Université de Montréal qui en rapportèrent d'intéressantes observations scientifiques.

Tous les voyageurs qui survolaient ce cratère en ont été fortement impressionnés. On rapporte qu'une équipe de cinéastes japonais ne réussit qu'à tourner quelques images du site. La brume, le froid, le blizzard, des vents violents les avaient constamment tenus en échec.

La dernière expédition date de l'été 1988. Une équipe multidisciplinaire de dix-sept personnes a passé plusieurs semaines sur place dans des conditions souvent difficiles. Ils ont cependant recueilli de nombreuses informations sur les origines de la Terre, son histoire et les phénomènes météorologiques et cosmiques qui avaient eu lieu des millions d'années auparavant. Les archéologues de l'expédition ont découvert des sites d'occupation, des « ronds de tente » qui datent de plusieurs centaines d'années. La preuve existe que les Inuits non seulement connaissaient l'endroit, mais le fréquentaient pour chasser le caribou et pêcher.

Le cratère du Nouveau-Québec a 3 km de diamètre et 400 m de profondeur. Le lac du cratère, profond de 264 m, n'est alimenté que par la neige et la fonte des glaces. Son eau est d'une limpidité extraordinaire. Les spécialistes en limnologie (étude des eaux douces) ont perçu à 100 m de profondeur 80 % de la lumière de la surface.

Ombles chevaliers, seuls animaux du site, venus d'on ne sait où...

Ce lac est peuplé d'ombles arctiques biologiquement constitués pour nager en grande profondeur. D'où viennent-ils ? Depuis quand sont-ils là ? On l'ignore encore.

Le cratère du Nouveau-Québec semble avoir été créé par l'impact d'une météorite de 200 m de diamètre, il y a de cela entre deux et cinq millions d'années. Sa couronne est à 130 m au-dessus des terres environnantes et sa pente de 30° est couverte de gros cailloux.

Pingualuit est sans contredit l'un des plus remarquables lieux touristiques du Nunavik. Il est situé dans la partie nord-est de la région d'Ungava et on peut le visiter en partant du village de Kangiqsujuaq. La Société Makivik et le village se sont associés pour protéger ce milieu d'une fragilité extrême et ont élaboré des normes strictes à cette intention.

Abri traditionnel sous roche, sur le rebord du cratère

LA PISTE
DES
MARCHANDS

Les milieux urbains

Page précédente: Musée de
la civilisation de Québec
(Architecte: Moshe Safdie)

« Caribou blessé », gravure sur pierre de
Axangaya Shaa (Musée des beaux-arts
de Montréal)

La piste des marchands, vous vous en doutez, vous révélera un tout autre aspect des grandes zones urbaines du Québec. Bien avant l'arrivée des Européens, les lieux où sont actuellement situées les villes de Montréal, Québec, Hull et Ottawa étaient déjà d'importants carrefours de par leur situation géographique. C'étaient des pôles d'attraction au confluent des grandes voies navigables et ils ont tout naturellement attiré les marchands. En y construisant des magasins, des entrepôts, des routes, des quais, ces marchands ont fait de Québec, Montréal, Hull et Ottawa les plaques tournantes de la traite des fourrures en Amérique. Ce rôle commercial s'est accru au cours des siècles. Les descendants des premiers habitants de ces «bourgades» de l'époque sont encore bien présents, quoique noyés à première vue dans la foule et les activités de la cité. On trouvera dans les régions urbaines des musées d'archéologie, d'histoire et d'art dont les prestigieuses collections témoignent du caractère dynamique des cultures traditionnelles des autochtones et de leur indéniable contribution à l'histoire du continent tout entier. Des centres d'interprétation et des lieux historiques hautement spécialisés traitent plus particulièrement du patrimoine et mettent en valeur des modes de vie, les cultures matérielles ou spirituelles et des activités comme la chasse, la traite des fourrures, l'architecture traditionnelle.

Enfin, les nombreuses galeries d'art et boutiques d'artisanat autochtone sont souvent la propriété d'Amérindiens. Elles proposent des articles d'une grande authenticité, certains provenant de l'une ou l'autre des Premières Nations du continent nord-américain. Les responsables de ces centres ont une bonne connaissance des pièces mises en vente et prennent le temps d'en donner la signification, la symbolique et d'expliquer la démarche suivie par l'artiste, sa culture, ses racines et le patrimoine qui est la source de son inspiration.

Les galeries exposent des œuvres qui témoignent du talent des artistes amérindiens et inuits. L'art autochtone est actuellement en pleine effervescence si l'on en juge par ses réalisations dans tous les domaines : musique, danse, cinéma, chanson, peinture et théâtre.

Les musées, les galeries et les boutiques sont des endroits tout indiqués pour faire provision de livres, de cassettes, de vidéos et de tout autre document relatif aux autochtones.

Montréal et sa région

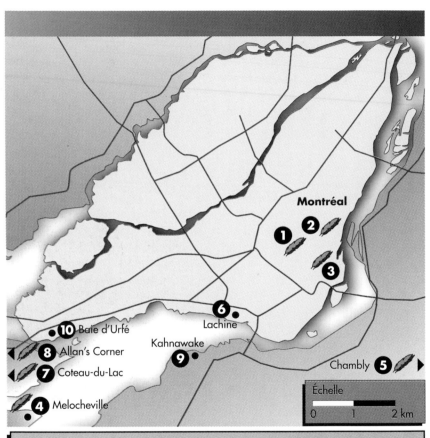

Montréal
1 Musée McCord
2 Musée des beaux-arts de Montréal
3 Pointe-à-Callière
Melocheville
4 Parc archéologique de la Pointe-du-Buisson
Chambly
5 Parc historique national du fort
Lachine
6 Lieu historique national
  du Commerce-de-la-fourrure

Coteau-du-Lac
7 Parc historique national
Allan's Corner
8 Parc historique national
  de la Bataille-de-la-Châteauguay
Kahnawake
9 Centre culturel mohawk
  et vieux village indien
Baie d'Urfé
10 Fédération des coopératives
  du Nouveau-Québec

Le Musée McCord d'histoire canadienne

La diversité et la richesse de la collection du Musée McCord d'histoire canadienne en font l'un des musées d'histoire canadienne les plus importants. Six collections en constituent le noyau : Ethnologie et archéologie, Costumes et textiles, Archives photographiques Notman, Arts décoratifs, Archives historiques, Peintures, Estampes et dessins. Le fonds du Musée compte plus de 80 000 artefacts et de 700 000 photographies historiques, qui datent essentiellement du milieu du XIXe siècle au milieu du XXe siècle.

Innukshuk à Inukjuak, avant qu'il soit transporté par bateau en pièces détachées et remonté à côté du Musée McCord (projet d'intégration d'œuvres d'art à l'architecture)

La collection Ethnologie et archéologie du Musée McCord

Le Musée McCord abrite près de 17 500 artefacts caractéristiques des cultures autochtones, soit la collection du genre la troisième en importance au Canada. Près de 11 200 artefacts ont une valeur historique et datent des années 1800 aux années 1950. Les 6 300 autres sont des pièces archéologiques, essentiellement des outils de pierre et des fragments de poterie. Toutefois, ces objets ont été recueillis un peu partout au Canada, et le fonds comprend aussi plusieurs artefacts venant de l'Alaska et du nord des États-Unis.

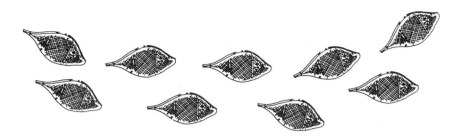

La collection ethnologique du Musée McCord est sans aucun doute l'une des collections les plus intéressantes au monde. Cette affirmation se fonde sur l'âge de nombreux artefacts, extrêmement anciens, sur leur qualité exceptionnelle, sur la diversité géographique qu'ils représentent et sur l'incroyable quantité de documents d'archives qui s'y rapportent.

Les objets les plus remarquables de cette collection sont les fragments de vases en argile mis au jour au site Dawson — village iroquois datant d'avant le contact — situé au centre-ville de Montréal, l'importante collection d'objets micmacs perlés et ornés de piquants de porc-épic, les vêtements décorés et les porte-bébés sculptés réalisés par des Iroquois, les vêtements athapaskans, en peau de caribou ornés de piquants de porc-épic, les capes de danseurs et les sacs en bandoulière entièrement recouverts de motifs perlés des Plaines canadiennes, les bols de fête en bois sculpté, ornés de motifs compliqués, fabriqués par les Haïdas des Îles de la Reine-Charlotte, la très ancienne collection de paniers tissés de la Côte du Nord-Ouest, et bien sûr l'Inukshuk de neuf tonnes placé à l'entrée du Musée.

Les expositions

La salle des Premières Nations du Musée McCord est consacrée aux peuples autochtones du Canada. Y sont présentés divers objets appartenant au vaste fonds permanent du McCord, ainsi que plusieurs expositions thématiques, toutes produites en collaboration avec les communautés autochtones. Ces expositions mettent en valeur la richesse et la complexité du patrimoine culturel des autochtones et transmettent également la vitalité de la vision du monde des Premières Nations. Le Musée McCord accueille aussi des expositions temporaires sur des sujets reliés aux autochtones, dont des projets internes et des expositions itinérantes montées par d'autres établissements.

Autres services

Le Musée McCord propose des visites guidées et organise diverses activités culturelles spéciales reliées aux expositions en cours. On trouve à la Boutique du musée un vaste choix de cadeaux, allant de nombreux objets exceptionnels à toutes sortes de livres ayant pour thème les peuples autochtones, en passant bien sûr par les catalogues publiés par le Musée.

Poupée inuit d'Inukjuak, en fourrure de caribou, peau de phoque, fourrure de lièvre et ivoire

Le Musée des beaux-arts de Montréal

«Oiseau folâtre», gravure sur pierre
de Pitseolak Ashoona

Fondé en 1860, le Musée des beaux-arts de Montréal a rassemblé plus de 25 000 objets qui forment l'une des plus importantes collections encyclopédiques d'Amérique du Nord.

Art canadien

À travers les objets d'arts décoratifs, les peintures et les sculptures, les visiteurs peuvent suivre le cours de l'histoire canadienne depuis l'établissement de la Nouvelle-France du XVIIe siècle jusqu'à nos jours.

Art inuit et amérindien

La collection canadienne se compose en grande partie d'œuvres autochtones. Les sculptures et les œuvres sur papier exécutées par des artistes inuits réputés sont représentatives du mode de vie traditionnel, des coutumes et des légendes des habitants du Grand Nord. Ainsi *La migration* (1964) de Joe Talirunilli illustre un incident dont la famille de

*Boîte en bois, piquants de porc-épic
et écorce de bouleau*

l'artiste fut victime. Prisonniers de la banquise, des Inuits durent construire une embarcation avec des matériaux de fortune. Cette sculpture exprime le désespoir des occupants du bateau. La collection d'œuvres amérindiennes du musée représente l'héritage culturel des différents groupes amérindiens de toutes les régions du continent nord-américain.

Elle renferme d'innombrables objets façonnés (artefacts) de la Côte Nord-Ouest dont une couverture tissée par des membres du peuple Chilikat portant un écusson typique de la tribu. Les motifs stylisés d'animaux sont caractéristiques des artefacts provenant des nombreuses tribus indiennes de cette région du Canada.

Art précolombien

La collection d'art précolombien rassemble plus de 625 pièces originaires des trois grandes régions culturelles de l'Amérique centrale et de l'Amérique du Sud : l'aire méso-américaine, l'aire andine et l'aire intermédiaire. L'un des joyaux de cette collection est un panneau d'une tapisserie très rare du Pérou. Magnifiquement conservée dans le climat sec des chambres funéraires, cette tapisserie tissée de laine et de coton a conservé l'éclat de ses couleurs depuis près de 2 000 ans.

Parmi les objets de céramique, on remarque un très beau chien Colima datant de la période préclassique tardive (200 ans avant notre ère — 300 ans après J.-C.). Les figurines en forme de chien ornaient fréquemment les tombes de Colima ; elles peuvent avoir été associées à l'enfer.

«Hibou», sculpture sur pierre de Joe
Talirunili, de Povungnituk

«Scène terrestre», gravure sur pierre
de Luke Anguahadluk

Mat totémique en pierre et ivoire,
d'un artiste inuit inconnu

Masque iroquois en bois peint et crins
de cheval

Pointe-à-Callière, aux sources de la mémoire

La magie d'un lieu vient de sa capacité à exhaler l'énergie des âmes qui l'ont fréquenté. Peut-on rester insensible devant les traces de feux de camp six fois centenaires ? les vestiges d'un ancien cimetière ? les résurgences d'une ancienne rivière ? Dans le secteur ouest du Vieux-Montréal, Pointe-à-Callière s'élève au-dessus de vestiges archéologiques. Le musée inauguré le 17 mai 1992 se compose d'un édifice contemporain, l'Éperon, d'un ancien égout collecteur, d'une crypte archéologique sous la place Royale et d'un édifice du XIXe siècle, jadis le premier poste de douane de Montréal. C'est l'aventure humaine courant sur plus de mille ans qui a servi de fondement à la mise en valeur des deux sites archéologiques que protège le musée. Bien avant la naissance de Rome, le lieu est très tôt reconnu pour ses qualités et des populations amérindiennes s'installent sur les berges de la Grande rivière (le Saint-Laurent).

Des objets en vitrine témoignent de cette présence millénaire. Par la magie de l'audiovisuel, le grand chef wendat, Kondiaronk, s'adresse aux visiteurs pour leur parler de cette volonté de paix entre les peuples amérindiens et français au XVIIIe siècle. L'exposition « Du wampum à la carte de crédit » traite des Amérindiens, de leur culture et de leurs échanges avec les populations européennes. Au moment de l'inauguration du

«Les berges vers 1350»,
peinture de Benoît Léonard

musée, des Amérindiens clamaient avec force leurs revendications. Parce qu'il y avait une volonté de paix et de dialogue entre les artisans du musée, le projet Pointe-à-Callière a été l'occasion d'une rencontre fructueuse où chacun a eu droit à la parole, à sa parole ! Aujourd'hui, le visiteur reçoit un seul et même message : « Ici, en ces lieux, des humains ont vécu, aimé, souffert et espéré. Leur âge traverse le temps. »

Terres en vues

Le Festival du film et de la vidéo autochtones de Montréal et les spectacles de chants et musique Blues Blanc Rouge sont les deux principaux volets de l'événement *Terres en vues* qui, à Montréal, du 18 au 25 avril de chaque année, offre au grand public une occasion de rencontre et d'échange avec les communautés autochtones. Unique en son genre, l'événement *Terres en vues* rassemble à Montréal des Autochtones, des artistes, des producteurs et des cinéphiles de tout l'Est du continent américain; de surcroît, sa réputation commence à s'étendre à l'Europe.

Débats, rencontres, fête, moments de réflexion sont au menu et les organisateurs ont toujours tenu à ce que la présentation de documents audiovisuels soit toujours suivie ou précédée d'une période d'échange avec des invités qui, lorsqu'ils ne sont pas eux-mêmes autochtones, connaissent bien la réalité des Inuits ou des Amérindiens d'aujourd'hui.

Ainsi, au fil des années, les festivaliers ont pu rencontrer des aînées comme la Montagnaise Adéline Ashini ou l'Onondaga Dewasenta, des sportifs comme le Mohawk Albert Stalk (l'homme qui escalada la tour Eiffel les mains nues) ou le champion motoneigiste montagnais Alain Nepton (raid Harricana), des cinéastes comme l'Abénaquise Alanis Obomsawin (*Kanesatake, 270 ans de résistance*), l'Américain Mel Lawrence (*Paha Sapa*) ou le Gascon (d'origine) et Québécois (d'adoption) Arthur Lamothe, auquel une rétrospective était consacrée en 1994.

La chaleureuse et efficace présence de Myra Cree, une Mohawk qui est aussi une speakerine vedette de la radio et de la télévision au Québec et qui agit comme animatrice de ces soirées, contribue grandement à la qualité des échanges qui permettent de découvrir *in vivo* la richesse et la diversité des cultures autochtones.

Aux spectacles Blues Blanc Rouge, on a notamment pu entendre les chansons des Inuites Suzan Aglugark ou Laina Tullugark, du Montagnais Florent Vollant (membre du fameux duo Kashtin), du Québécois Richard Desjardins, les rythmes résolument rock du groupe ojibway Seventh Fire. Plusieurs autres artistes de la scène, autochtones ou non, sont ainsi venus célébrer sur une même scène l'amitié entre les peuples d'Amérique.

Castors (fort Témiscamingue)

Le parc archéologique de la Pointe-du-Buisson

Spectacle amérindien

À droite: atelier de fouille archéologique

Le parc archéologique de la Pointe-du-Buisson est l'un des plus importants sites préhistoriques au Québec. Pendant près de 5 000 ans, la Pointe du Buisson a été habitée et exploitée par les Amérindiens qui y ont laissé de nombreux témoignages de leur passage. Situé dans la municipalité de Melocheville, à 45 km au sud de Montréal, le parc offre un programme d'animation et d'exposition depuis 1986. Il a pour mandat d'expliquer le travail des archéologues, de mettre en valeur les découvertes archéologiques et les richesses naturelles du site, ainsi que l'histoire de la région.

En moyenne, 30 000 artefacts sont découverts chaque année à la Pointe-du-Buisson. On y trouve des outils en pierre tels des pointes de projectile, des grattoirs et des perçoirs, une grande quantité de fragments de céramique et des milliers de débris culinaires (os). Ces objets associés à des traces de foyers ou des dépotoirs permettent aux archéologues de comprendre le mode de vie des Amérindiens qui ont occupé le site entre 3 000 ans avant Jésus-Christ et 1 400 après Jésus-Christ.

Le centre d'interprétation du parc archéologique de la Pointe-du-Buisson propose aux visiteurs de faire un retour vers le passé et de découvrir la préhistoire fascinante de la région de Montréal. Le parc dispose de deux bâtiments ouverts au public et d'un terrain boisé d'environ 23 hectares en bordure du fleuve.

Afin de faciliter la compréhension du travail des archéologues, le parc expose différents outils d'interprétation. Au pavillon d'accueil, le public peut admirer un diaporama sur les grandes étapes de la recherche. D'autre part, une maquette de fouilles permet de voir en tout temps les faits et gestes des archéologues sur un site. À même le laboratoire de recherche, une salle d'expérimentation offre au public de se pencher sur des objets et d'essayer, tout comme l'archéologue, de décoder les secrets des artefacts préhistoriques. Durant la saison estivale, les visiteurs peuvent également rencontrer des archéologues sur le site, discuter de leurs travaux avec eux et voir leurs découvertes sur place. Le parc organise également des visites commentées et offre une série de brochures sur l'archéologie préhistorique.

Dans le second bâtiment, le pavillon d'interprétation, l'exposition permanente raconte l'occupation préhistorique des Amérindiens sur le site. Plusieurs panneaux, artefacts et jeux se succèdent pour faire comprendre ce qui s'est passé au cours des cinq derniers millénaires. On peut y voir comment les gens vivaient sur la Pointe. De plus, à l'extérieur du pavillon, la reconstitution d'un camp de pêche préhistorique devient le théâtre d'animations qui permettent aux visiteurs de mieux apprécier le mode de vie des Amérindiens de la préhistoire. Le public y découvre les traces d'une hutte ovale, et celle d'un jardin préhistorique. À l'occasion, les visiteurs peuvent goûter à de l'esturgeon fumé ou du maïs cuit dans la braise d'un foyer extérieur.

La journée consacrée aux Amérindiens est de loin celle qui attire le plus grand nombre de visiteurs. Cette journée est l'occasion de faire le lien entre le passé et le présent. Le public peut découvrir la culture des Autochtones du Québec par l'intermédiaire de spectacles, de contes, de l'artisanat et de la gastronomie.

La dernière journée spéciale est reliée à l'archéologie. Les visiteurs ont alors la possibilité de participer aux recherches. Accompagnés d'un archéologue, ils peuvent fouiller un puits, tamiser la terre, nettoyer les pièces et faire l'analyse des découvertes en laboratoire. La barrière entre la recherche et le public est ainsi levée.

*Tesson de poterie
(500 ans av.J.C.)*

L'AMÉRINDIEN

Le vocabulaire relatif au monde autochtone a considérablement évolué au cours des dix dernières années. Il s'est diversifié en s'adaptant à de nouvelles réalités. Au début du XXe siècle, un ethnographe a inventé le mot *Amérindien* pour désigner ceux qu'on avait coutume de nommer les Indiens d'Amérique. Le néologisme s'est rapidement imposé

et a presque totalement supplanté l'ancienne dénomination. Le mot Indien, au Québec, n'est plus guère utilisé que dans le contexte juridique, en particulier lorsqu'on se réfère à la *Loi sur les Indiens* du gouvernement fédéral.

Le nouveau terme tente ainsi d'effacer une erreur de 500 ans. De fait, les Autochtones du continent auraient dû s'appeler des Américains, mais le mot était déjà retenu.

Le parc historique national du fort Chambly

Le fort Chambly est situé sur la rive gauche de la rivière Richelieu, à une trentaine de kilomètres au sud-est de Montréal. Son thème souligne le rôle qu'a joué le poste militaire de Chambly lors des conflits survenus aux XVIIe et XVIIIe siècles entre Français, Anglais et Iroquois. Les questions amérindiennes y sont abordées à ce titre.

À l'arrivée, des panneaux annoncent au visiteur que les Iroquois furent les premiers habitants de la région à utiliser le chemin de portage destiné à éviter les rapides à proximité du fort. Dans le fort lui-même, des éléments d'expositions, appuyés par de nombreux textes, traitent en détail de l'histoire autochtone. Des volets complets de l'histoire des Iroquois, en particulier la position stratégique de leur territoire, y sont présentés en relation avec les conflits des époques concernées. L'acquisition de ces connaissances, largement liée à la lecture des textes, est complétée par les commentaires de guides interprètes sur des thèmes de l'histoire

La salle d'exposition

128

autochtone et font rapport de la présence des Premières Nations dans la région.

Ce parc historique national est ouvert de mars à la mi-décembre et du 24 juin à la fête du Travail (1er lundi de septembre), des droits d'entrée sont imposés pour la visite de l'intérieur.

LA PRIÈRE D'UN AMÉRINDIEN

Ô Grand Esprit dont la voix se fait entendre dans le vent et qui d'un souffle anime tout l'Univers, écoute-moi. Je suis un de tes enfants petits et faibles. J'ai besoin de ton aide et de ta sagesse.

Que mes oreilles soient attentives à ta voix, que mes yeux contemplent à jamais la splendeur d'un soleil couchant! Que mes mains respectent ta création!

Rends-moi sage afin que j'apprenne ce que tu as enseigné à mon peuple: la leçon cachée en chaque feuille, sous chaque rocher.

Je demande la force non d'être supérieur à mes frères, mais de combattre mon plus grand ennemi: moi-même. Fais que je sois toujours prêt à venir à toi les mains sans taches, le regard limpide.

Quand ma vie s'éteindra comme un soleil couchant, je veux que mon âme puisse aller vers toi avec confiance.

«Chee-Yok», gravure de Glenna Matoush

Le lieu historique national

du Commerce-de-la-fourrure-à-Lachine

Le lieu historique national du Commerce-de-la-fourrure-à-Lachine est situé au 1255, boulevard Saint-Joseph, à Lachine, en banlieue de Montréal. Il se trouve en bordure du canal de Lachine qui donne accès au lac Saint-Louis.

Le thème général concerne le commerce des fourrures dans la région de Montréal au cours de la première moitié du XIXᵉ siècle. Indirectement, il y est question de la contribution importante des Autochtones à cette activité. Les éléments d'interprétation de cette thématique globale sont présentés dans le bâtiment restauré de ce qui fut autrefois un entrepôt de fourrures.

Le visiteur désireux de comprendre le rôle déterminant des Amérindiens dans le commerce de la fourrure peut consulter plusieurs sources de renseignements. Aux éléments visuels et textuels sur la question s'ajoutent les commentaires des guides interprètes. On peut, entre autres éléments, visionner une production magnétoscopique d'une dizaine de minutes sur la manière dont les Attikameks font, aujourd'hui encore, la trappe des animaux à fourrure.

Ce lieu historique national est ouvert au public d'avril à la mi-décembre. Des droits d'entrée sont imposés.

Le parc historique national de Coteau-du-Lac

Le parc historique national de Coteau-du-Lac est situé près de Valleyfield, au confluent de la rivière Delisle et du fleuve Saint-Laurent, à quelque quarante kilomètres au sud-ouest de Montréal.

Le thème général couvre trois aspects de l'histoire du lieu, soit le canal de Coteau-du-Lac qui fut le premier ouvrage à écluses en Amérique, la stratégie et la logistique du commandement militaire à la fin du XVIIIe siècle et au début du XIXe siècle, la fortification du passage ainsi que l'occupation autochtone des lieux.

La présence amérindienne sur le site est soulignée d'une part par des modules d'interprétation extérieurs et, d'autre part, par un module d'exposition à l'intérieur du nouveau centre d'accueil et d'orientation des visiteurs. Certains artefacts retrouvés lors des fouilles archéologiques sont intégrés à l'espace d'exposition. Ce site que l'on dit avoir été occupé ou utilisé de façon intermittente pendant quelque 5 000 ans est réputé pour avoir contenu les plus anciennes sépultures datées dans la vallée du Saint-Laurent.

Ce lieu historique national est ouvert aux visiteurs de la mi-mai à la fin octobre et des visites guidées ou autoguidées sont proposées. Des programmes éducatifs associés à l'histoire autochtone sont également offerts aux groupes scolaires de divers niveaux.

*Petite pierre gravée anthropomorphique
provenant d'une sépulture*

Le parc historique national

de la Bataille-de-la-Châteauguay

Le parc historique national de la Bataille-de-la-Châteauguay est situé à Allan's Corner, sur la rive ouest de la rivière Châteauguay, à mi-chemin des villages de Ormstown et de Howick, au sud-ouest de l'île de Montréal.

Il commémore une bataille importante de la Guerre de 1812 où s'affrontèrent environ 300 miliciens canadiens et alliés autochtones qui défirent une troupe de quelque 2 000 Américains et bloquèrent ainsi la tentative d'invasion du Bas-Canada (l'actuelle province de Québec). La participation des Autochtones à cet affrontement est soulignée de plus d'une façon dans le centre d'interprétation. Aux figurines et mannequins de guerriers amérindiens s'ajoute un module d'exposition consacré aux nations abénaquise, huronne, iroquoise et nippissingue dont des représentants s'engagèrent aux côtés des Canadiens. Le visiteur pourra comprendre pourquoi et de quelle façon les Amérindiens se sont joints aux forces canadiennes et britanniques durant ce conflit en visionnant un film vidéo qui retrace les motivations derrière leur engagement.

Ce parc historique national est ouvert aux visiteurs de la mi-mai à la fin d'octobre.

Modules d'exposition présentant les uniformes

Hull

Au cœur de Hull, sur les berges de la rivière des Outaouais, se dresse le majestueux Musée canadien des civilisations (MCC), le chef-d'œuvre architectural de Douglas Cardinal, un métis de l'Alberta, à qui l'on a également confié en 1993 la conception du Museum of the American Indian de la Smithsonian Institution situé à Washington D.C. La forme de l'édifice symbolise la naissance de notre continent, ses formes sculptées par le vent, ses cours d'eau et ses glaciers.

Dès son arrivée, le visiteur fait face à une entrée magnifique. En effet, l'architecte a composé, avec les matériaux, une façade en forme de masque haïda de taille monumentale. Le site lui-même est riche en histoire, car pendant des siècles, les Autochtones, les explorateurs et les missionnaires y firent du portage et s'y arrêtèrent pour camper. À partir du XIXe siècle, on y a développé d'importantes activités industrielles axées sur le commerce du bois.

Le Musée canadien des civilisations

Traditions et art autochtones : la richesse d'un peuple

Le Musée canadien des civilisations présente les cultures des peuples du Canada, en particulier celles des Autochtones. Ce volet est captivant pour le visiteur qui s'intéresse tout particlculièrement à l'histoire des Autochtones, ancienne et récente. Il réunit des expositions, des collections, des activités de recherche, des spectacles qui portent sur les innombrables groupes culturels amérindiens et inuits du Canada.

C'est le musée qui possède la plus vaste collection d'objets amérindiens du pays et la plus imposante collection de mâts totémiques du monde. Toutes ses expositions, permanentes ou temporaires, ont été conçues en étroite collaboration avec les groupes autochtones.

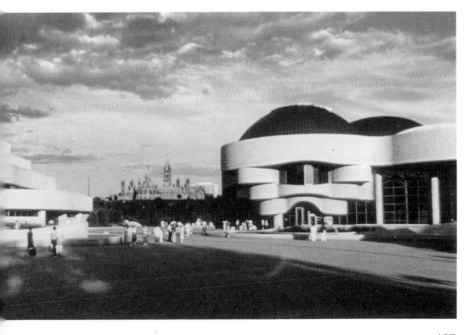

La Grande Galerie

La Grande Galerie, pièce architecturale maîtresse, est consacrée au riche patrimoine culturel des Amérindiens de la côte Ouest du Canada. Son immense voûte symbolise un canot et les pylônes symbolisent des avirons placés à l'envers. Six maisons et des mâts totémiques de taille majestueuse recréent l'atmosphère d'un village amérindien en bordure des forêts du Pacifique. Certains mâts totémiques datent du XIXe siècle, d'autres sont de facture plus récente. L'un des plus spectaculaires est le mât de Wakas installé, de 1928 à 1987, au parc Stanley à Vancouver.

À l'intérieur des maisons, des expositions rappellent divers aspects des groupes autochtones représentés. Par exemple, le thème de la maison des groupes du centre de la côte est le *potlatch kwakwaka' wakw*. L'exposition couvre trois périodes : de 1890 à 1910, période pendant laquelle la maison originale était installée à Alert Bay et au cours de laquelle la plupart des masques et des plats de festin actuellement au musée furent confectionnés et utilisés ; les années 1930, période pendant laquelle le *potlatch* était formellement interdit par la loi, mais où les familles le pratiquaient de manière discrète ; enfin, la période actuelle où l'on peut voir le genre de cadeaux de *potlatch* qui sont donnés de nos jours aux invités.

La plus vaste collection de mâts totémiques au monde

Derrière les maisons du littoral, l'exposition *Du fond des âges — La préhistoire des Tsimshians* fait pénétrer les visiteurs au cœur d'une forêt de cèdres, dans une hallucinante reproduction de fouilles archéologiques conduites entre 1966 et 1978 dans la région de Prince-Rupert sur la côte Ouest. Des éléments tant archéologiques qu'ethnologiques nous en apprennent davantage sur le mode de vie du peuple tsimshian établi dans cette région.

Trois salles sont réservées aux expositions temporaires reliées à toutes les disciplines du musée. La galerie d'Art amérindien et inuit, entre autres, reçoit des expositions d'art contemporain, soit thématiques soit regroupant les œuvres d'un ou de plusieurs artistes. Ces expositions soulignent la continuité des traditions artistiques autochtones ainsi que leur lien avec d'autres tendances et écoles.

Dans la salle des Premières Nations — immense espace qui occupera une superficie approximative de 3 500 mètres carrés — se tiendront des expositions sur les langues des Autochtones, ainsi que sur leur histoire ancienne et plus récente.

Le mât de Wakas

À l'intérieur comme à l'extérieur, le musée a réservé une place de choix aux créations d'artistes autochtones contemporains tels que Bill Reid, Robert Davidson, Alex Janvier et Simon Dick pour ne nommer que ceux-là. *Kolus* de l'artiste-concepteur kwakiutl Simon Dick, oiseau gigantesque de 9 m de haut et de plus de 4 tonnes, est, selon la mythologie amérindienne, l'un des premiers ancêtres du peuple kwicksutaineuk. Il a une envergure de 18 m. Cette pièce, installée sur les berges de la rivière des Outaouais, est par sa forme spectaculaire l'une des attractions du musée.

Corbeau apportant la lumière au monde de l'artiste haïda contemporain Robert Davidson, magnifique sculpture or sur bronze, représente la légende de Corbeau, filou et mystificateur, qui ravit la boîte de la Lumière et illumina le monde. Cette œuvre a d'ailleurs donné naissance à une pièce de théâtre du répertoire du musée intitulée *Comment Corbeau ravit la lumière*. Elle est présentée régulièrement dans la maison tsimshiane de la Grande Galerie.

L'esprit de Haida Gwaii de Bill Reid représente un canot regorgeant de créatures de la mythologie haïda. Le musée possède une collection exceptionnelle des œuvres de cet artiste.

On ne peut passer sous silence la magnifique coupole peinte par Alex Janvier dans le Hall de la rivière de la Grande Galerie, intitulée *Étoile du matin*. Cette voûte, qui évoque les valeurs et les philosophies autochtones, mesure 19 m de diamètre.

Les programmes d'animation permettent en été de faire un tour sur la rivière des Outaouais en manœuvrant soi-même l'aviron à bord d'un canot haïda, de s'asseoir dans un tipi pour écouter des conteurs autochtones, de manipuler des objets insolites, en fabriquer d'autres en utilisant des matériaux inusités, d'assister à une démonstration de décoration en piquants de porc-épic ou de se transporter dans le temps en endossant une armure du XVIIe siècle. Le Musée canadien des civilisations est en

«L'esprit de Haida Gwaii», de Bill Reid,
moulage constitué de 80 pièces de plâtre

«Corbeau apportant la lumière au monde», sculpture or sur bronze de Robert Davidson

outre le seul musée canadien, et l'un des seuls en Amérique du Nord, à compter une troupe de théâtre « interactif ». Le répertoire comprend une trentaine de courtes pièces qui ont pour décor les tableaux saisissants présentés dans les diverses salles.

De tout pour les amateurs, les collectionneurs et les chercheurs

La bibliothèque du musée est qualifiée de « ressource nationale en anthropologie ». Plus de 50 000 volumes constituent sa principale collection, la photothèque totalise 550 000 images dont les plus anciennes datent de 1870, et elle possède 15 000 heures d'enregistrements sonores dont certains remontent à la fin du XIXe siècle. La librairie du musée vend des publications et documents sur ses domaines d'activités tels qu'expositions, recherche, muséologie, ainsi que de nombreux ouvrages sur divers aspects historiques de peuples autochtones. Dans les boutiques, on trouve une large gamme de souvenirs et de cadeaux ainsi que des timbres pour philatélistes.

Ottawa

Le Musée des beaux-arts du Canada

La collection d'art inuit du Musée des beaux-arts du Canada réunit près de 1 200 dessins, estampes, sculptures et tentures murales réalisés de la fin des années 1940 jusqu'à aujourd'hui par des artistes des Territoires du Nord-Ouest et du Nunavik (Québec). Elle a débuté au début des années 1960 lorsque le musée a fait l'acquisition d'importantes estampes de Cape Dorset. Depuis le milieu des années 1980, elle s'est enrichie de dons importants de collectionneurs privés dont le Dr Dorothy Stillwell, M.F. (Budd) Feheley et les Amis du Musée des beaux-arts. En 1989, le ministère des Affaires indiennes et du Nord Canada lui cède plus de 500 œuvres. La collection est particulièrement riche de dessins de Jessie Oonark, de Parr, de Pitseolak Ashoona, de Pudlo Pudlat et de Kenojuak Ashevak, ainsi que de sculptures d'Osuitok Ipeelee, de Karoo Ashevak et de Manasie Akpaliapik. Les artistes du Nunavik sont représentés par près de 100 œuvres, dont un groupe important de sculptures du début des années 1950 provenant de Inukjuak et de Puvirnituk. Parmi ces artistes, mentionnons Davidialuk et Matiusi Iyaituk.

«Les aurores boréales décapitent un jeune homme», sculpture sur pierre de Davidialuk Alasua Amittu

Depuis sa réouverture dans le nouvel édifice en 1988, le musée met en vedette sa collection d'art inuit par la présentation, en alternance, d'installations et d'expositions temporaires qui donnent un aperçu de l'histoire de ce peuple et de l'esthétique de l'art inuit contemporain.

Les collections contemporaines s'enrichissent plus lentement, mais le nombre d'œuvres d'artistes autochtones a augmenté considérablement depuis l'achat de *The North American Iceberg* de Carl Beam en 1986. Le musée a fait l'acquisition de nouvelles œuvres de Beamet, d'œuvres de Bob Boyer, de Joane Cardinal-Schubert, de Lawrence Paul Yuxwelupton, de Robert Davidson, de Pierre Sioui, de Faye HeavyShield et de Robert Houle. Récemment, le musée a acheté une grande peinture de Robert Houle intitulée *Kanata* et inspirée d'une œuvre de Benjamin West, *La mort du général Wolfe*. Houle a choisi de faire ressortir dans *Kanata* le pensif guerrier autochtone de la peinture de West pour nous inciter à réfléchir à la nature de la vérité historique. On trouve dans d'autres œuvres de la collection la même préoccupation à l'égard de l'affirmation du statut des peuples des Premières Nations.

En 1992, l'importante exposition de dix-huit artistes, «*Terre, esprit, pouvoir. Les Premières Nations au Musée des beaux-arts du Canada*», a révélé la puissance et la diversité du travail des artistes autochtones dans une vaste gamme de médiums. Témoignage durable des préoccupations de ces artistes, le catalogue propose aussi de fines interprétations de l'histoire de leur art.

*Sculpture en os de baleine, stéatite du
Brésil, bois de caribou, ivoire et corne
de bœuf musqué, de Manasie Akpaliapik*

Québec

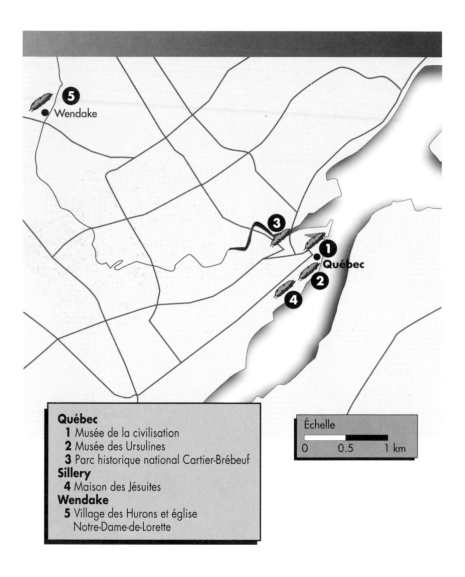

Wendake

Québec
1 Musée de la civilisation
2 Musée des Ursulines
3 Parc historique national Cartier-Brébeuf
Sillery
4 Maison des Jésuites
Wendake
5 Village des Hurons et église
   Notre-Dame-de-Lorette

Échelle
0   0.5   1 km

Le Musée de la civilisation

*Boîte de rangement
micmaque (1850)
en écorce de bouleau,
piquants de porc-épic,
bois et racines d'épinette*

Le Musée de la civilisation se définit comme un musée de l'aventure humaine. Situé dans l'arrondissement historique du Vieux-Québec, il a été inauguré en octobre 1988.

Ce musée est dépositaire de la collection ethnologique nationale qui renferme près de 100 000 objets dont l'exposition permanente *Objets de civilisation* met en valeur les pièces les plus significatives. Cette collection trace un portrait de l'histoire matérielle du Québec à travers des objets fabriqués, façonnés, créés ou utilisés au Québec. Les collections amérindiennes et inuites d'environ 4 000 pièces mettent en valeur différents types d'objets reliés aux us et coutumes des Premières Nations. Des objets témoins du passé y sont également intégrés.

L'ensemble des objets reliés aux cultures amérindiennes comporte près de 2 500 pièces ethnologiques, historiques et artistiques dont des

Redingote de chef Huron-Wendat
(1850) en laine feutrée, soie,
piquants de porc-épic, cuir,
poils d'orignal, plumes et étain

«Pêche en hiver», estampe de
Juanisialu, de Povungnituk

Campement innu (montagnais),
reconstitution présentée dans l'exposition «Nomades»

objets domestiques, des vêtements, certains moyens de transport, des instruments de chasse, de pêche et de musique ainsi que des jeux. Ils proviennent d'une cinquantaine de nations des territoires américain ou canadien, et des onze nations du Québec. La collection inuite, avec ses 1 550 sculptures, dessins et estampes et environ 325 objets à caractère ethnologique (vêtements traditionnels, instruments de survie, ustensiles d'usage courant), est constituée à 95 % de productions d'art contemporain provenant du Nunavik.

Pour asseoir les bases d'une collaboration soutenue, le Musée de la civilisation a pris entente avec les nations autochtones afin de préserver le patrimoine culturel autochtone et favoriser la participation des divers groupes aux projets et activités de l'institution concernant leur histoire et leur culture.

Le Musée des Ursulines

Le Musée des Ursulines de Québec est un musée d'art et d'histoire qui conserve le patrimoine mobilier de la première communauté enseignante pour filles établie au XVIIe siècle en Amérique du Nord.

Au début du XVIIe siècle, Madeleine de Chauvigny de la Peltrie, riche veuve d'Alençon en Normandie, prête sa fortune à la fondation d'un monastère et d'une école « *à la gloire de Dieu et pour l'éducation des petites filles tant des Français que des sauvages(sic) du pays* ».

Cette vocation première sera abandonnée par les Ursulines vers 1720, avec la baisse constante des effectifs autochtones du séminaire. Pourtant, le monastère aura été pendant près d'un siècle l'espace de la cohabitation de ces femmes des deux mondes. De leurs liens quotidiens sont nés des échanges culturels dont la collection amérindienne du Musée des Ursulines de Québec témoigne encore aujourd'hui.

De la période de la fondation, peu d'objets sont parvenus jusqu'à nous : une porte à double battant décorée de motifs de fleurs géométriques ; un parement d'autel attribué aux pensionnaires amérindiennes en raison de la symétrie des motifs utilisés : sur un semis de fleurs brodées de perles de verre tubulaires se détachent cinq croix chevronnées placées bout à bout.

Parmi les objets usuels, une *cuillère à sagamité* rappelle les distributions de ce plat amérindien fait à base de pruneaux noirs, de pain, de farine de pois ou de blé d'Inde, de suif de lard, que les Ursulines apprêtaient et distribuaient à leurs pensionnaires et à leurs parents en visite à la grille du couvent.

Le XVIIIe siècle a laissé de plus nombreux témoignages sur ces échanges culturels. Le Musée possède une très belle collection d'objets faits en écorce de bouleau et en éclisses de frêne, confectionnés par les religieuses elles-mêmes, après la Conquête. Dès le XVIIe siècle, les *Relations des Jésuites* indiquent, pour les années 1661-1663, que Marie de l'Incarnation offre au chef iroquois Garakonthié « *un beau collier de porcelaine travaillé par les mains des Mères ursulines* ».

La production de l'atelier des religieuses était très variée : boîtes, paniers, ouragans, cassots, canots miniatures. L'écorce de bouleau était cousue et brodée avec des piquants de porc-épic teints ou du poil d'orignal également coloré. D'autres récipients étaient peints, gravés au burin ou simplement raclés pour laisser apparaître des motifs géométriques et floraux. Les techniques ont probablement été introduites par des pensionnaires amérindiennes, mais aussi par des religieuses ayant passé une partie de leur enfance captives dans des camps amérindiens. C'est le cas d'Esther Wheelwright, devenue Ursuline en 1714, et de Marie Jeryan, entrée au noviciat en 1719 ; ces deux religieuses avaient passé respectivement cinq ans et quatorze ans chez les Abénaquis.

Bonnet montagnais pour femme

Le parc historique national Cartier-Brébeuf

Le parc historique national Cartier-Brébeuf est situé au cœur de la ville de Québec, sur la rue de l'Espinay, au confluent de la rivière Saint-Charles et de l'ancien ruisseau Lairet maintenant canalisé.

La thématique principale est associée aux voyages de l'explorateur malouin Jacques Cartier. On y commémore, entre autres faits, l'emplacement du premier hivernage connu de Français en sol laurentien, en 1535-1536, à proximité du village iroquoïen de Stadaconé (Québec). Le contact prolongé entre Européens et Autochtones devait d'ailleurs avoir des incidences profondes sur la façon dont les deux groupes se sont perçus mutuellement et ont réagi l'un à l'autre par la suite.

Le visiteur a d'abord le loisir de se promener. À quelques mètres du centre d'accueil, on peut admirer une sculpture commémorative en pierre, formée de deux stèles en forme d'arches illustrant d'un côté le profil de Jacques Cartier, de l'autre, celui de Donnacona (chef iroquoïen de Stadaconé).

À l'intérieur, des expositions présentent plus d'un volet de l'histoire autochtone associée au contact hivernal entre les deux groupes culturels. En outre, il est possible de déguster de l'annedda, potion amérindienne tirée de branches de cèdre bouillies, offerte initialement aux compagnons de Jacques Cartier atteints du scorbut, dont ils furent guéris.

Autour et à l'intérieur de la maison longue amérindienne recréée sur le site, un guide interprète communique des renseignements sur les territoires des Premières Nations dans les limites actuelles de la province de Québec. Une fois informés sur leur répartition géographique, les visiteurs découvriront les phases essentielles de la vie quotidienne des Iroquoïens du Saint-Laurent, leur organisation sociale et familiale, leurs traditions vestimentaires et alimentaires (on cultive annuellement un jardin amérindien à proximité de la maison longue), leurs occupations et loisirs, leurs modes de transport et autres aspects de leur culture.

Le parc historique national Cartier-Brébeuf est ouvert toute l'année, bien que durant la saison hivernale, on n'y accueille que les groupes sur réservation. Outre les éléments d'interprétation présentés au grand public, le personnel du parc offre un large éventail de programmes éducatifs sur les aspects significatifs de l'histoire des Iroquoïens du Saint-Laurent.

Maison longue construite par les Hurons de l'Anciene-Lorette et abritant des activités d'animation

La Maison des Jésuites

La Maison des Jésuites, située à Sillery, en banlieue de Québec, abrite un musée qui conserve nombre de traces et témoignages de la période missionnaire.

Dans le jardin de la maison, on a reconstitué quelques-uns des principaux éléments qui s'y trouvaient à l'origine, tels le four à pain, le poulailler, le potager, le puits, etc.

Face à la maison, un parc archéologique évoque les vestiges de la première chapelle érigée sur le site, en 1647, ainsi que les fondations des murs de fortification, construits en 1651 dans le but de protéger de la menace iroquoise les familles autochtones converties. Des croix rustiques en bois soulignent la présence du premier cimetière amérindien catholique en Amérique du Nord, découvert il y a quelques années par des archéologues.

La maison actuelle, dont la construction remonte au premier tiers du XVIIIe siècle, renferme des objets anciens, vestiges de l'occupation amérindienne et française au début de la colonisation. De plus, les visiteurs peuvent profiter des nombreuses expositions thématiques consacrées à la présence amérindienne ainsi qu'aux arts et traditions populaires pour se familiariser avec l'histoire et la culture des premiers habitants du pays.

Outre ses expositions, la Maison des Jésuites propose tout au long de l'année des activités d'animation réalisées par les autochtones eux-mêmes. Mentionnons entre autres les soirées *Contes et légendes*, présentées tous les mercredis de juillet, à la tombée de la nuit. Ces soirées se déroulent à l'extérieur, près du feu de bois, dans un climat plus que propice pour les conteurs amérindiens. Leur objectif : faire connaître les riches traditions orales autochtones.

Autre tradition que fait revivre la Maison des Jésuites : celle du temps des sucres. Au printemps, au moment où les érables exsudent leur précieuse eau, des animateurs recréent des parties de sucre à l'ancienne. Les techniques de cueillette et de cuisson de même que tous les outils et ustensiles utilisés sont rigoureusement identiques à ceux du XVIIIe siècle.

Le jardin accueille chaque été un campement d'Amérindiens nomades. On retrouve sur place tentes, séchoirs à viande et fumoirs à poisson, et des artisans autochtones sont au rendez-vous pour s'adonner à leurs activités quotidiennes et faire partager leur savoir ancestral. La gastronomie est également à l'honneur puisque des dégustations de mets autochtones, tels l'anguille, le caribou et la *bannique* (pain traditionnel), complètent le menu offert aux visiteurs.

Wendake

Le Village des Hurons est désormais connu sous le nom de Wendake qui signifie en langue huronne-wendat: gens de la péninsule. Il est situé à quelques kilomètres seulement du centre de la ville de Québec. Fondé en 1697, Wendake a toujours été le centre de ralliement de toutes les nations amérindiennes qui, pour des raisons politiques, culturelles ou économiques, devaient se rendre dans la capitale. Le village a toujours constitué un attrait, il a vu défiler des chefs d'État, des délégations prestigieuses, des monarques, des diplomates, des hommes politiques et des artistes de renommée internationale.

Laçage du treillis d'une raquette à neige

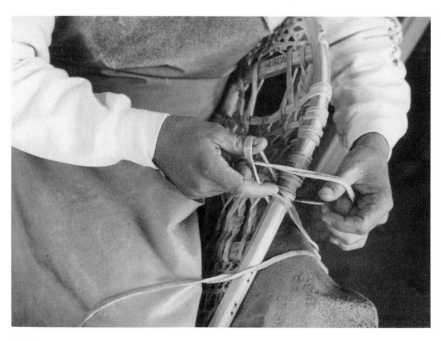

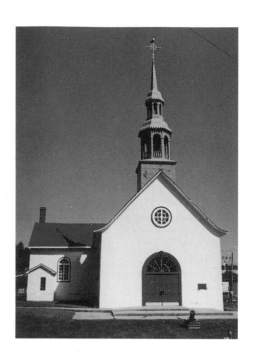

L'église Notre-Dame-de-Lorette

Wendake est la communauté amérindienne du Québec qui reçoit le plus grand nombre de touristes venus des quatre coins du monde. La communauté s'est dotée, au cours des années, d'excellentes structures d'accueil et on peut y passer toute une journée agréable et enrichissante. Ses petites rues sont jalonnées de boutiques d'artisanat et de galeries d'art qui font la promotion d'œuvres de qualité, provenant de plusieurs nations. Le village traditionnel mérite de s'y arrêter quelques heures. À l'intérieur des palissades, de jeunes guides autochtones et de nombreux artisans font revivre l'histoire et le patrimoine de la nation Wendat. Ils tressent des raquettes à neige, tissent des paniers, fabriquent des canots, tannent des peaux, confectionnent des vêtements et se font un plaisir de répondre aux questions des visiteurs. La librairie du village est abondamment fournie en documents sonores de musique autochtone et en ouvrages sur la culture amérindienne.

La petite église Notre-Dame-de-Lorette de Wendake est un monument historique d'un grand intérêt tant pour son histoire que pour son architecture. Elle fait la fierté des Wendakes, car elle renferme des œuvres d'art inestimables, des ornements brodés à l'amérindienne, un mobilier caractéristique de la communauté huronne-wendat et de prestigieux ex-voto.

«Buste d'une femme et un enfant»,
sculpture sur os de baleine, de Arpiq Tuniq

POUR APPRENDRE ET POUR RÊVER

L'histoire et les légendes

J'étais à Manouane en Haute-Mauricie, à Mingan en basse Côte-Nord, avant que la route ne s'y rende. Je voyageais depuis longtemps dans le Grand-Nord québécois avant qu'on y construise des pistes d'atterrissage et des aéroports. Enfant, j'habitais au coeur du vaste Parc La Vérendrye en territoire algonquin. J'étais déjà dans la Baie James avant que les arpenteurs plantent en terre amérindienne les premiers jalons qui plus tard aligneraient les barrages et les digues d'Hydro-Québec. J'ai été le témoin privilégié des bouleversements qui ont marqué les cinquante dernières années de la vie des Amérindiens et des Inuits du Québec. Et je reste aujourd'hui encore plus qu'hier sur la ligne de front. Je continue avec mes bottes de sept lieues à arpenter le Québec, du détroit d'Hudson à la baie des Chaleurs, de la basse Côte-Nord à l'Abitibi.

Vous vous direz : « Mais il est vieux comme la terre »... et dans une grande mesure vous aurez raison. Je suis d'ici depuis toujours. Mes origines sont des racines qui plongent dans le sol et dans le temps, s'étendent et se ramifient dans les quatre directions sacrées de l'univers. Je suis comme cet arbre, l'arbre de vie, symbole de l'humanité, celui qui fait le lien entre la terre et le ciel. Tout comme l'arbre, je ne vieillis pas, je croîs. Les gens que je côtoie font que je ne cesse de grandir.

Ma vie en milieu autochtone, mes rencontres, mes échanges avec des gens chaleureux, accueillants, d'une grande richesse de coeur, constituent les moments les plus marquants de mon existence.

Je suis, comme mes ancêtres, un nomade. Je confonds cette grande aventure que constitue la vie et tous ces voyages qui la ponctuent, tous ont contribué à me grandir dans mon corps, dans ma spiritualité. Ces voyages font que de jour en jour nous ne voyons plus les choses du même oeil. Ils nous gardent sur le qui-vive, en état de recherche constante, en alerte.

Il m'est arrivé je ne sais plus combien de fois au cours de ma vie d'amener des amis ou des connaissances de passage à partager l'émotion profonde, parfois bouleversante, que je ressentais à la vue d'un ruisseau clair qui serpente entre les sapins verts, de la beauté impressionnante de l'archipel de Mingan qui égrène ses îles au fil du littoral du golfe Saint-Laurent, d'une toute petite fleur mauve dans la toundra qui se battait courageusement pour sa survie, s'agrippant de ses courtes racines au pergélisol, d'une grosse perdrix grise courroucée, gonflée, prête à sacrifier sa vie pour sauver sa couvée, d'un troupeau de caribous, en rangs serrés, traversant obstinément la rivière George à la nage.

Les Amérindiens disent souvent aux visiteurs: «Regardez comme c'est beau... plus loin, c'est encore plus beau...» Ils s'expriment en ces termes pour souligner l'amour indéfectible qu'ils éprouvent pour la terre, l'air, l'eau, les animaux, les paysages, les moindres manifestations de la nature. «Regardez comme c'est beau» n'est pas une affirmation lancée à la légère. C'est pour les Amérindiens une question qu'ils posent pour s'assurer que ce sentiment est bien partagé. Ils le font dans un vocabulaire dépouillé, en utilisant des mots simples et directs. Ce sont ces mots que j'ai utilisés. Ce sont ceux qui me venaient spontanément à l'esprit, que j'avais le goût d'écrire, car ce sont les plus vrais, les plus authentiques.

Fleur nordique

La mythologie

«La cabane du trappeur», peinture de Marc Siméon

Les civilisations amérindienne et inuite sont essentiellement orales. C'est par l'intermédiaire des mythes, des légendes, des récits, de certains faits historiques, du savoir transmis de génération en génération que les peuples autochtones des Amériques expliquent qui ils sont et quel rôle ils ont à jouer dans l'univers. La mythologie est le véhicule de la tradition et des coutumes ancestrales de ces peuples.

Au temps de mon enfance

Le retour des chasseurs

Lorsque j'étais enfant, ma famille résidait au début des années 1940 dans le parc de La Vérendrye situé au nord-ouest de la province de Québec.

Nos voisins, des Amérindiens, vivaient en nomades et leurs hivers se passaient à chasser et à trapper le gibier sur leurs territoires ancestraux.

Au printemps, lorsque les oies sauvages migraient vers le nord pour nidifier, les familles de chasseurs-cueilleurs quittaient les forêts giboyeuses pour se rassembler dans le parc sur les rives du grand lac Cabonga.

Après une course périlleuse de plusieurs centaines de kilomètres, elles arrivaient l'une après l'autre au campement d'été. Chaque famille comprenait environ une douzaine d'adultes et d'enfants. Tous suivaient le traîneau chargé de ballots de fourrures que tiraient sur la piste gelée une dizaine de vigoureux chiens huskies. Le conducteur tenait fermement les deux manchons du traîneau et poussait en criant: Mush! Mush!

La piste déroulait son ruban sur le lac gelé, à une trentaine de mètres de la rive. Elle épousait la courbe des baies et des îles lacustres en dérivant parfois vers le centre pour éviter les dangereux embâcles de glaces qui s'accumulaient à l'exutoire des rivières ou ruisseaux tributaires du lac.

L'eau de fonte printanière recouvrait toute la surface gelée du lac Cabonga d'où émergeait seule la piste. Les attelages de chiens gris et les robes bigarrées des femmes et des enfants courant à la file indienne semblaient flotter sur les eaux vertes. Les aboiements frénétiques et les commandements du conducteur à la chienne de tête faisaient écho sur l'eau et se perdaient dans les forêts et au flanc des falaises.

Plusieurs fois par jour pendant une semaine, parfois deux, les nouveaux arrivés se précipitaient vers la petite place au pied du perron du poste de la Compagnie de la baie d'Hudson. Dès qu'ils touchaient le sol ferme, les traîneaux s'arrêtaient net, les chiens fourbus s'affalaient, les voyageurs s'avançaient un à un. S'il n'y avait pas d'étrangers, l'accueil était chaleureux:

— Kwé! Kwé!
— Kwé! Kwé!

Ils se saluaient par un regard, une poignée de main, une tape dans le dos qui évoquaient discrètement l'intensité des sentiments, les joies et les tristesses. Les familles qui se connaissaient avaient vu de loin la présence d'un enfant de plus dans le *tikinagan* qu'une jeune mère portait sur le dos. Ils avaient aussi remarqué l'absence d'une aïeule, d'un jeune homme... Les questions viendraient plus tard.

Au premier coup d'œil, on savait si la chasse avait été bonne, si on avait toujours mangé à sa faim, si l'Esprit des animaux avait prodigué de la viande d'orignal, de grosses truites grises, de lourds ballots de peaux de castor, de vison, de loutre, de renard de martre. Les chasseurs et l'équipage avaient-ils fière allure, ployaient-ils sous les charges?

Lentement, le clan se reformait et empruntait un sentier qui menait à son quartier d'été où parfois des parents arrivés plus tôt étaient déjà installés dans leurs tentes ou dans de petites cabanes rectangulaires en rondins. En peu de temps, la toile était tendue sur un faisceau de perches fichées en terre depuis des dizaines, parfois des centaines d'années. Les femmes recouvraient le sol de branches de sapin. Le petit poêle était monté en un tournemain par les jeunes hommes, on déroulait les couvertures, on suspendait les paniers en écorce de bouleau et les chaudrons au pilier central. Les tâches étaient connues d'avance et diligemment exécutées.

Des nouvelles s'échangent. On chuchote.

— La chasse à l'orignal a été bonne. Beaucoup de neige.

— Mani a accouché d'une fille, son troisième enfant.

— Pinanen, l'aïeule, est morte juste avant Noël. Elle a été enterrée sur son territoire de toujours.

— Pierre s'est noyé tard dans l'automne.

— Et ici, quoi de nouveau ?

— Des rumeurs dans l'air et beaucoup de brouhaha dans les familles. Le gouvernement exige que nos enfants aillent à l'école et vivent dans des pensionnats loin de nous.

Le missionnaire

Avec les outardes qui venaient du sud se pointait le missionnaire, un oblat de Marie-Immaculée. Près du poste de la compagnie, les religieux et les Amérindiens avaient construit une petite chapelle de bois. Son clocher couvert de bardeaux noirs et ses fenêtres en hauteur lui donnaient une allure coquette.

L'arrivée et l'installation du curé faisaient partie du cours normal des choses. Il aérait consciencieusement la chapelle et le lendemain entreprenait sa visite paroissiale par la seule route de terre qui se terminait au quai. Un réseau de sentiers la reliait aux tentes. Ils se faufilaient sous les pins centenaires de ce lieu paisible bien situé près de

l'eau où l'on tendait les filets de pêche et près de la forêt riche en bois de chauffage, en litière de sapin, truffée de pièges à lièvre et à perdrix. Le vent du lac chassait les moustiques et séchait les vêtements suspendus au dehors.

Il y avait toujours du thé tiède, noir comme de l'encre, dans un poêlon cabossé placé à côté du feu. Il y avait toujours du poisson à sécher ou de la viande d'orignal mise à fumer sur des vigneaux de fortune. Les femmes s'affairaient à laver les vêtements, gratter les peaux, préparer les repas et confectionner des paniers en écorce de bouleau.

Le curé allait d'une tente à l'autre, serrait les mains des hommes, tentait de converser avec les femmes qui se cachaient par timidité derrière les tentes ou dans les bosquets. En bon missionnaire, il les conviait tous à l'office du dimanche fixé à dix heures du matin. Il sonnerait la cloche à neuf heures exactement. «Hé! Hé!» lui disait-on en approuvant de la tête.

La messe

À neuf heures, le lendemain, la cloche grêle troublait soudainement le silence du campement.

Le curé lançait une nouvelle volée tous les quarts d'heure. Personne ne bougeait. À dix heures, c'était le calme plat. Le curé, sans se décourager, continuait régulièrement à sonner. Enfin on voyait s'avancer, au travers des branches et des bosquets, un groupe d'hommes suivis des femmes et des enfants. Les femmes avaient la tête et les épaules couvertes d'un châle à carreaux noirs et blancs qui tombait jusqu'à la ceinture. Elles portaient de longues robes fleuries ne laissant dépasser que l'empeigne de mocassins en peau d'orignal richement brodés de motifs floraux.

Les hommes s'habillaient aussi au magasin de la compagnie. Coiffés d'un large chapeau en feutre, ils portaient une ample chemise à carreaux et un pantalon bouffant retenu par de larges bretelles de toile blanche croisées dans le dos. La plupart étaient chaussés de mocassins à tige haute, souples, plissés et brodés. Ils se déplaçaient comme des perdrix, sans faire de bruit.

L'une après l'autre, les familles sortaient silencieusement du bois et entraient comme des ombres dans la petite église que le curé avait décorée de fleurs sauvages.

Les femmes et les enfants se plaçaient dans la section de gauche, les hommes dans celle de droite. Les plus âgés occupaient les premiers bancs. Le curé se tenait debout au milieu, face à l'autel et à ses ouailles. Toutes les femmes mastiquaient d'énormes gommes à mâcher roses qu'elles finissaient par faire claquer comme un coup de fouet. Le bruit sec se répercutait jusqu'au jubé. DOMINUS, CLAK! VOBISCUM, CLAK! Singulière liturgie!

Les chiens déambulaient à leur guise entre les bancs à la recherche de leurs maîtres et sortaient par la sacristie. Hush! Hush! lançaient des hommes en sourdine, mais personne ne se formalisait vraiment de leurs allées et venues.

Madame White Owl, ancienne couventine, touchait le vieil orgue offert par la Compagnie de la Baie d'Hudson. Au jubé, le chœur entonnait le *Notre Père* et l'*Ave Maria* en algonquin. La ferveur aidant, nous voguions en esprit par-dessus la forêt sur les ailes de la musique, sans nous soucier des milliers de maringouins qui dansaient dans l'air.

Le missionnaire n'officiait à la réserve qu'en de rares occasions de l'année. Il était cependant toujours là au début du printemps pour baptiser les enfants nés au cours de l'hiver ou l'année précédente et pour bénir les unions et les légaliser. C'était alors la pagaille dans la chapelle, car personne n'avait songé aux parrains et marraines, aux porteuses, aux témoins. Le jeune père sortait timidement des rangs, le

sourire en coin et, tortillant son chapeau, il parcourait l'allée centrale
en demandant à voix basse :

— Toi ? Veux-tu ?
— Ehé !
— Miguetsh !

À la fin de la messe, l'orgue s'étant tu, le curé prenait un siège. Un
homme sans âge quittait son groupe et s'avançait jusqu'au milieu de
l'allée sans faire plus de bruit qu'une feuille qui tombe en automne. Il
tournait le dos au curé et à l'autel. Ses yeux ronds, d'un noir profond
comme l'eau de la Mistashipu ou comme ceux d'un ours, fascinaient.
On le connaissait sous le nom de Mukushum qui signifie à la fois *ours*,
grand-père ou *ancêtre*.

Mukushum marchait à petits pas, le dos courbé, les jambes
arquées à force d'avoir manié l'aviron toute sa vie, d'avoir arpenté en
raquettes d'épaisses couches de neige et portagé sa maison, ses biens,
ses joies, ses peines et ses angoisses durant son existence. Dans toutes
les communautés algonquines, on disait de lui qu'il était le plus instruit
de tous, qu'il était un grand savant, car il vivait depuis très longtemps.
On ne savait trop quel âge il pouvait avoir.

Les premiers Blancs à se risquer dans la région avaient tous eu
recours à ses services, car il connaissait l'Abitibi et les terres d'au-delà
par cœur. Il était même allé jusqu'à la grande baie. Dans sa langue ima-
gée il nommait les lacs, les rivières, les montagnes. Sur le sable fin de la

grève, il avait plus d'une fois, à l'intention des arpenteurs, des géologues et des agents forestiers, tracé de son index la carte de ce vaste pays. Les étrangers prenaient note de tout dans leurs calepins : les sentiers, les rivières, les portages, les chutes, les rapides. Ils lui posaient des questions : « Et cette rivière, où mène-t-elle ? Plus loin, qu'y a-t-il ? du bois ? des montagnes de roche ? »

Avec fierté, le vieil homme leur répondait sur-le-champ pour leur faire bien comprendre que ce territoire était à lui et aux siens, qu'ils étaient, eux, des étrangers. Il était loin de soupçonner que, ce faisant, il leur ouvrait toutes grandes les portes de son pays. Il allait jusqu'à les recevoir généreusement sous sa tente, partageant avec eux poisson et gibier. Il apprit même quelques mots d'anglais pour tenter de les comprendre et se faire entendre d'eux.

Je voyais avec mes yeux d'enfant le petit homme rabougri, mais toujours vert, comme une loupe qui pousse sur le tronc d'un merisier centenaire, son visage raviné comme le flanc d'une montagne après l'orage. Mon père m'avait appris que ce que l'on voyait des arbres n'était qu'une fraction de ce qu'ils étaient en réalité, car leurs racines fortes et nombreuses s'enfonçaient dans le sol. Il ajoutait qu'il existait des humains semblables aux arbres. Mukushum était l'un de ceux-là ; il était profondément enraciné en lui-même, ses veines s'enfonçaient dans la terre, son sang était comme la sève des arbres et l'eau des rivières. Il parlait à son peuple dans une langue douce et chuintante, comme le vent du printemps.

L'instant était solennel. Le vieux chasseur commandait le respect. Sa voix un peu rauque, ses gestes amples, ses yeux intelligents lui conféraient une présence exceptionnelle, grave, sécurisante. Toute l'assistance l'écoutait religieusement, l'approuvait en hochant la tête et en murmurant à l'unisson des Ehé ! Ehé ! discrets qui s'accrochaient à la finale de ses phrases, servaient d'enchaînement et créaient une certaine complicité, une ligne mélodique, comme si toute la communauté parlait par sa bouche. Cette communion de pensées, de paroles était si intense que nous ne formions plus qu'une grande confrérie. La communication était totale, spirituelle.

La création du monde

Mukushum communiquait pour la millième fois à son peuple les enseignements que les anciens lui avaient transmis dans leurs propres récits. Il expliquait que dans les temps immémoriaux les animaux, les arbres et les montagnes, le Soleil, la Lune et les ruisseaux
étaient unis...
Ehé!
se parlaient...
Ehé!
partageaient...
Ehé!
La terre est notre mère à tous,
respectons-la...
Ehé!
protégeons-la...
Ehé!
vivons en harmonie avec elle, car c'est elle qui nous nourrit...
Ehé!

Il parlait des grands événements qui ponctuaient l'histoire des Amérindiens depuis le commencement des temps. Ses paroles donnaient un sens à la vie. Rappelons-nous, disait-il, que la Nature n'a pas besoin de nous pour exister et que pour vivre nous sommes dépendants de son air, de son eau, de ses animaux, de son sol. Dans nos prières, ne demandons rien au Grand Esprit, car il nous a tout donné:

« Des mains du Grand Créateur, Celui qui nous donna tout ce dont nous avons besoin pour vivre, sortit la Terre. Il prit de la glaise, modela une boule, souffla dessus de son souffle sacré pour lui donner la vie et il en fit une femme. C'est pourquoi, de tous les temps, la Terre est notre mère, c'est pourquoi nous l'appelons la Mère terre. Le Créateur lui dit: « Tu es la mère de tout ce qui vit et croît, tu veilleras sur tous les animaux ». Et il nomma l'ours, l'orignal, le caribou, le saumon, l'esturgeon, les oies sauvages, les canards, les huards, puis les humains, ceux d'ici et d'ailleurs. Il nomma, pendant des jours et des jours, toute la création. À la fin, il dit: « Il te faudra les nourrir, car ce sont tes enfants. » Ensuite, pour aider la Terre mère dans sa lourde tâche, il créa les herbes, puis il souffla dessus et donna à chaque espèce la propriété de guérir, d'être un remède pour chaque maladie.

«Le Créateur, désireux de parfaire son œuvre, créa les lacs, les rivières, les océans. À l'eau il donna comme mission d'étancher la soif, de purifier, de porter sur son dos les canots en écorce de bouleau.

«Le Créateur regarda la terre et il eut l'idée de l'embellir d'arbres de toutes les formes et de toutes les couleurs. Il savait que leur chair et leur peau seraient indispensables au bien-être des Anishnabé. Pour agrémenter la vue, pour que la vie ne soit jamais monotone, il leur donna des feuilles. Il souffla sur l'immense forêt pour qu'elle ait une âme. Et les arbres se mirent à danser, les feuilles à frémir, l'eau à frissonner, le vent à chanter.

«À nous, les Anishnabé, il donna le bouleau pour que nous puissions fabriquer nos maisons, nos canots, nos paniers, nos raquettes.»

Le vieil homme mourut à l'automne. Les femmes l'enveloppèrent dans une écorce de bouleau sur laquelle elles dessinèrent des ours noirs, des perdrix grises, des orignaux. Mukushum avait, dès son jeune âge, acquis la réputation d'être le maître des chasseurs d'orignaux. Il racontait que dans son premier rêve il s'était vu marcher sur son territoire de chasse et qu'en bordure des sentiers s'empilaient les tibias, propres et blanchis, de tous les orignaux qu'il tuerait au cours de sa vie. Rêver à des os, pour un chasseur, est un bon signe.

Mukushum avait pour l'orignal le plus grand respect. Il ne gaspillait jamais, ne tuait pas inutilement, tout était mangé, transformé, du bout des sabots à la pointe du panache. Plus d'une fois, l'habile chasseur avait sauvé son peuple de la famine en tuant un orignal. Son tambour, qu'il laissait sur son territoire de chasse, était fait d'un cercle en bois de bouleau sur lequel il avait tendu la peau d'un jeune orignal. Quand il battait le tambour, il chantait et communiquait avec l'Esprit du cervidé pour le remercier de sa générosité, du don de sa vie.

Avant de le mettre en terre, les sages de la communauté ouvrirent le cercueil pour rendre un dernier hommage au grand chasseur. Ils constatèrent alors que le corps de Mukushum se transformait : sa figure s'allongeait, de longs poils gris poussaient sur ses joues, des bois pointaient sur ses tempes, ses ongles s'élargissaient en forme de sabots... L'Esprit de l'orignal qui s'était fait Anishnabé retournait chez les siens, dans son royaume. Il était venu parmi les humains pour les aider à vivre.

La pensée en mouvement

Certains qualifient la mémoire des Autochtones de circulaire. Ce terme ne me paraît pas convenir parfaitement à cet aspect de leur mémoire qui n'a pas d'équivalent dans les autres cultures. Il s'agit d'une notion étroitement liée au nomadisme des familles de chasseurs-cueilleurs, à la nature et au monde animal. Elle naît de l'alternance de la pensée et de l'intelligence en mouvement qui découpe le temps et l'espace en larges pans mus par un mouvement giratoire au rythme des saisons et des migrations d'animaux.

Dans la sagesse amérindienne, la philosophie de la vie en harmonie avec la terre et le cosmos se traduit visuellement dans le concret et le quotidien. Les motifs décoratifs sont symétriques, souvent « à double courbe ». Les tentes, les igloos, les « sweat lodges », les foyers sont ovés, comme l'œuf fécond. Les sages, réunis pour des décisions importantes, s'assoient en cercle. L'humain s'inscrit ainsi dans une forme globale. En cercle, tous sont égaux. De cette forme parfaite, génératrice de vie, ne peuvent éclore que la sagesse, la vérité, la justice. Comme le soleil, l'enfant naît au levant, est adulte à midi, puis vieillit au couchant où il meurt comme l'astre du jour. Et le lendemain il renaît. Une belle légende amérindienne rapporte que les étoiles de la nuit sont les feux des ancêtres morts et que chaque étoile filante est le fruit d'une maman qui donne la vie à un enfant sur Terre.

Les chants et musiques traditionnels nous semblent à première vue monotones et répétitifs, mais ils épousent le même modèle que la pensée. Ils évoluent en cercle, selon des règles et un rythme précis. Ils s'arrêtent, respirent, puis reprennent à nouveau comme des battements de cœur. Un vieux chanteur inuit sensible aux réactions de ses auditeurs étrangers le leur a expliqué :

« Vous croyez que mon chant dit toujours la même chose... mais chaque fois que j'ai complété une séquence, j'en ai ajouté un peu. Je modifie ma chanson. C'est comme le saumon, les caribous, les oies, la morue, la lune. Ils réapparaissent régulièrement. Si vous les connaissez bien, si vous les observez, vous verrez que malgré leur régularité ce ne sont jamais les mêmes, cela ne se passe jamais de la même façon. C'est la diversité, l'imprévisibilité dans le même cycle. C'est la vérité. La seule chose dont je sois certain dans la vie, c'est qu'il y aura toujours un printemps et qu'il n'y en aura jamais deux pareils. Le jour où il n'y aura plus de printemps, ce sera la fin du monde. »

Le sens de la fête

Les Amérindiens ont le sens de la fête et tous les prétextes sont bons pour se réunir. Les visiteurs même nombreux, même inattendus, sont accueillis chaleureusement, logés et nourris. Il y aura certainement parmi eux quelque boute-en-train qui accaparera l'attention générale et donnera le ton à la soirée dont on ne sait jamais quand elle se terminera.

Les fêtes de Noël, du Premier de l'an, de Pâques, les anniversaires, les naissances sont célébrés avec beaucoup d'éclat. Les funérailles sont l'objet de témoignages émouvants. Des parents et amis viennent parfois de fort loin pour honorer la personne disparue.

Chaque année, au mois d'août, plusieurs nations amérindiennes font un pèlerinage à Sainte-Anne-de-Beaupré, en banlieue de Québec. Les roulottes et les tentes affluent sur le site où tous les jours sont dites des messes en différentes langues amérindiennes.

Le pèlerinage à sainte Anne, mère de la Vierge, est une tradition bien ancrée dans la culture religieuse des autochtones qui en profitent aussi pour rencontrer des amis éloignés, faire des emplettes en ville ou vendre des produits de leur artisanat.

La fête du makoucham est en même temps un grand hommage rendu à la Nature et aux animaux pour leur générosité. C'est une fête remplie de symboles, entre autres celui du cercle générateur de vie. Elle remonte à la nuit des temps et, généralement, on l'organisait en l'honneur d'une saison de chasse ou de pêche fructueuse. Toute la nourriture était partagée au cours d'un festin. Les chasseurs racontaient leurs exploits en vantant les mérites et l'intelligence des animaux. Des chants, des prières et une danse en cercle où les participants se suivaient à la queue leu leu avaient lieu au rythme du tambour.

Cette danse est intimement liée à la fête, à son caractère sacré, à la conception du monde des Amérindiens, aux relations entre les humains, la Nature et les animaux. Elle porte le même nom que la fête et en est indissociable.

Encore de nos jours, l'année est ponctuée de makouchams qui soulignent des événements spéciaux : la chasse au caribou, la pêche au saumon, l'hommage à un aîné, la visite d'un personnage illustre, etc. Tous participent au festin de «nourriture de bois», aux chants et à la danse du makoucham.

Tambour sacré montagnais

L'analyse des mythes, des récits, des comportements et même l'étude des motifs décoratifs d'art traditionnel démontrent que les Amérindiens et les Inuits recherchent avant tout l'équilibre. Leurs actions et leurs paroles ont d'abord pour objectif de rétablir le cours des choses, car le chaos est l'ennemi de la nature.

Dans le mythe *Les oiseaux d'été*, les humains et les animaux se concertent pour entreprendre une périlleuse expédition motivée par le fait qu'il n'y avait à cette époque qu'une seule saison, l'hiver. Dès que les étés, symbolisés par des oiseaux, furent délivrés de leur prison (un panier en écorce de bouleau), les héros décidèrent qu'il y aurait à l'avenir six mois d'hiver, six mois d'été à l'exemple des trois doigts de chaque patte du pic maculé. Un autre récit rapporte qu'il n'y avait à ce moment-là que la nuit sur la Terre, car Tchekapesh avait pris le Soleil au piège. À nouveau, une expédition fut organisée. Le renard tenta sa chance le premier. Or le Soleil était si brûlant qu'il y alla à reculons, pour tenter de le libérer avec sa queue. L'animal dut prendre la fuite, et c'est depuis ce jour que le bout de sa queue est tout gris. Finalement, c'est le castor qui libère le Soleil et pour le remercier, on lui octroie une belle fourrure sombre et des dents dorées. Le Soleil rendu à la liberté peut dès lors rétablir l'alternance du jour et de la nuit, du chaud et du froid, ainsi que le cycle des saisons.

Tout déséquilibre dans le cycle des saisons ou des migrations rompt la normalité et menace la survie des êtres humains. En un tel cas, la famille ou toute la communauté consultait le mistanapéo, le chaman, ou l'angakok chez les Inuits. Par ses rites, ses prières, ses chants, la magie de son tambour, l'officiant entrait en communication avec l'Esprit des animaux pour savoir quelle faute avait été commise et comment l'expier. Souvent un membre du clan avait commis un sacrilège en gaspillant la chair d'un animal ou en ne brûlant pas ses os. Il devait alors se faire pardonner en offrant des présents. Toutes les offenses pouvaient être rachetées par la générosité et le partage.

La période préhistorique

Peintures rupestres du Lac-à-la-Cassette (Côte-Nord)

Il s'agit ici de la période d'occupation antérieure à l'arrivée des Européens qui date des XVIe et XVIIe siècles. Elle semble remonter à 10 000 ans environ et concerne donc les ancêtres des Amérindiens et des Inuits. Cette période est loin de nous avoir livré tous ses secrets. Ce que nous en connaissons, nous le devons aux archéologues, anthropologues, géologues, climatologues et paléontologues.

Les migrations

immigration

Depuis la fin du XVᵉ siècle, on s'interrogeait sur l'origine des «Indios». Depuis quand vivaient-ils sur ce vaste continent? De qui sont-ils les descendants et quelle route ont-ils suivie pour se rendre jusque-là? La présence d'êtres humains sur ces terres nouvellement découvertes et jusqu'alors inaccessibles intriguait les chercheurs.

Déjà à cette époque, les Amérindiens étaient une énigme pour ceux qui avaient des visées de conquête. Ces êtres qui vivaient dans la nature étaient-ils des descendants d'Adam et Ève comme tous les autres humains? Certains esprits se hasardaient même à croire que les Indios étaient issus d'une peuplade d'Israël qui se serait égarée...

Nous savons désormais que les Amérindiens sont d'origine asiatique. Il y a environ 50 000 ans, des habitants de Mongolie et de Sibérie passent sans trop s'en rendre compte du continent asiatique au continent américain en empruntant un large pont de terre et de glace qui s'est formé au cours d'une longue période de glaciation dans une région désormais connue sous le nom de Béringie.

De fait, les géologues mentionnent qu'à la même période, la terre s'est refroidie de 5°C. Cette chute de température a entraîné la formation de glaciers. En gelant, les eaux se sont contractées, le niveau a baissé sur certaines régions du globe et en plusieurs endroits des îles et des rivages se sont soudés en un seul bloc.

Le détroit de Béring — l'ancienne Béringie — est le bras de mer qui sépare l'Amérique de l'Asie. Il est peu profond et large de 86 km seulement. Lors de la glaciation, il s'est asséché sous l'effet du gel en formant un passage naturel aisément franchissable par les animaux et les humains de l'époque qui étaient en quête de nourriture. Les spécialistes pensent que ces migrations furent provoquées par une grande sécheresse qui perdura en Asie.

Donc, après avoir franchi la Béringie, les voyageurs rejoignirent d'abord l'Alaska, puis s'enfoncèrent au sein du continent en suivant les vallées interglaciaires, seules pistes alors praticables. Tout autour s'élevaient d'immenses montagnes de glace aux pics infranchissables. Les

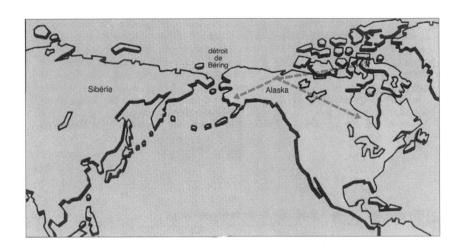

Premiers peuplements de l'Amérique du Nord par la Béringie entre 40000 et 20000 ans avant notre époque

ancêtres des Amérindiens progressaient obstinément vers le sud, en quête de régions au climat plus doux, à la faune et à la flore variées. Ils mettront 2 000 ans à franchir la distance qui sépare l'océan Arctique de la Terre de Feu.

Ils peupleront les moindres recoins de ce vaste continent en constituant des civilisations originales, riches, organisées, autosuffisantes et souveraines.

Chaque vague d'immigrants était marquée par un apport culturel : connaissances, croyances, habiletés, langue, mode de vie, armes et outils. Hommes, femmes et enfants vivaient par petits groupes d'une vingtaine de personnes. Chaque clan trouvait refuge dans des abris naturels, des cavernes, grottes ou dénivellations de terrain, ou érigeaient des tentes de peaux de bêtes ou de branchages.

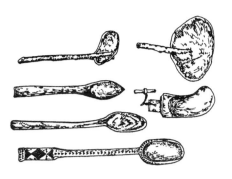

Les peaux des animaux tués étaient également converties en chaussures, moufles, robes et manteaux après avoir été débitées en bandes ensuite cousues ou lacées entre elles.

Les outils étaient faits d'os, d'ivoire, de pierre ou de bois. L'os, tout comme l'ivoire, est assez facile à travailler, car il est souple et malléable. De par sa forme, c'est un outil naturel. Il ne lui faut qu'un peu d'affûtage pour devenir grattoir, couteau, aiguille, alène, poinçon ou pointe de lance.

Pour la fabrication des armes et des outils, la pierre avait cependant la préférence. Elle est dure, résistante et relativement facile à trouver. Un bon artisan pouvait en une heure fabriquer un outil tranchant, pointu ou effilé.

Le bois était aussi abondamment utilisé. En plus d'être un combustible indispensable, sa matière ligneuse ou son écorce se transformaient en arcs, flèches, perches, corbeilles, massues, manches de hache, hameçons ou embarcations.

En résumé, chaque objet trouvé ou fabriqué valait son pesant d'or et il était jalousement gardé par son propriétaire.

Ces grands voyageurs de la préhistoire consacraient leur temps et leur énergie à poursuivre, capturer et dépecer les animaux pour se nourrir et se vêtir. Cette tâche n'était pas de tout repos, car ils devaient s'attaquer à des mastodontes: des paresseux terrestres venus d'Amérique du Sud, des ours colossaux, des castors de 200 kg et de plus de 2 m.

Le chien fut le seul animal domestique qui émigra d'Asie en Amérique. On suppose que, dans la nuit des temps, des chasseurs auraient élevé et apprivoisé les petits d'une louve qu'ils avaient tuée.

Le peuplement

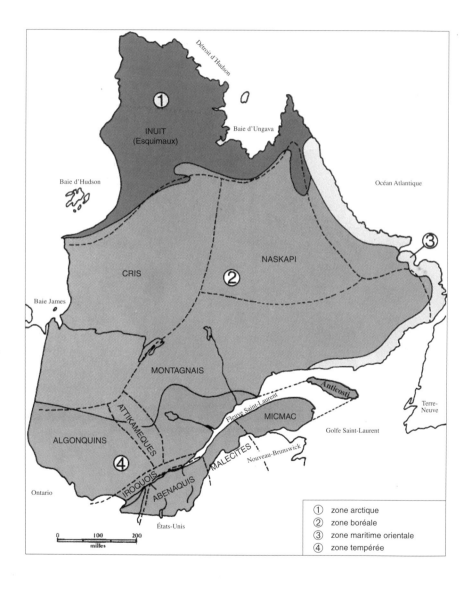

Les quatre grandes zones écologiques du Québec
et la répartition des principales ethnies amérindiennes dans ces zones

Immigration

Avant que les Amérindiens puissent coloniser les nouveaux territoires, il fallait que les conditions climatiques le permettent. Lentement, les glaces ont fondu et leurs eaux ont inondé les terres basses en créant l'immense mer de Champlain. Les eaux se sont peu à peu retirées et le fleuve Saint-Laurent a creusé le lit qu'il occupe actuellement. La végétation est apparue sur les terres asséchées. Les premières familles de chasseurs-cueilleurs n'ont pu chasser sur le territoire actuel qu'il y a 7 000 ou 8 000 ans. Elles venaient probablement du sud de l'Ontario et de la côte Atlantique, peut-être aussi du Sud par la région de l'Estrie. Se dessinent alors trois larges zones culturelles différentes: le *groupe archaïque maritime* (golfe Saint-Laurent et littoral de l'Atlantique); *le groupe archaïque du bouclier* (régions nordiques couvertes de forêts, de lacs et de rivières); *le groupe archaïque laurentien* (terres plus au sud, rives du Saint-Laurent et basses terres de l'Outaouais).

Il y a plusieurs milliers d'années, des peuples, les Algonquiens, occupent les premiers tout l'Est à partir du golfe jusqu'aux limites de l'Ontario, le cœur du Québec, et débordent du côté des États-Unis. De souche commune, ils parlent l'une des nombreuses langues algonquiennes.

Vers l'an 2000 avant notre ère, deux autres peuples feront alors leur apparition: les Inuits (Alaska et Grand Nord), forcés par les Algonquiens d'arrêter leur progression à la «limite des arbres»; les Iroquoïens (État actuel de New York) qui empiètent sur les régions algonquiennes et dont la présence aura des incidences sur l'histoire des Amérindiens du Nord et, plus tard, sur la colonisation européenne.

mode de vie

Au moment de la période de contact, les Inuits, les Algonquiens et les Iroquoïens étaient encore des chasseurs-cueilleurs et des nomades. Ils étaient peu nombreux. Les archéologues estiment que la population inuite comptait quelques centaines d'individus, les Iroquoïens étaient moins de 2 000 et les Algonquiens se chiffraient environ à 5 000 personnes. Même si les ressources sont généreuses, ces nomades doivent parcourir de vastes régions pour trouver leur subsistance. La population autochtone évaluée à 7 000 âmes en l'an 2000 avant notre ère, n'augmentera que très lentement. Une autre évaluation datant de la venue de Jacques Cartier au XVIe siècle, l'établit à 40 000 âmes tout au plus. Cela laisse à penser que la vie n'était pas facile. En 1900, ce nombre a chuté à 15 000 individus, une décroissance spectaculaire de 62 %.

Vers 4000 avant J.-C., le climat et la végétation commencent à ressembler à ce que nous connaissons aujourd'hui. Le Québec se divise en quatre grandes zones écologiques : la zone arctique, la zone boréale, la zone maritime et la zone tempérée. On sait que l'homme pour survivre doit s'adapter à son environnement ; il ressort de cette constatation que le milieu naturel a une influence certaine sur le développement culturel des populations.

Le climat, la flore et la faune de la région boréale sont très différents de ceux de la région tempérée. C'est ainsi que les Cris de la Baie James, par exemple, ont développé une culture et un mode de vie différents de ceux des Attikameks de la Mauricie. Jusqu'à une époque préhistorique récente, l'ensemble des Amérindiens du Québec vivaient, en nomades, de la chasse, de la pêche et de la cueillette. Ce mode de vie les faisait dépendre étroitement des ressources du milieu et des cycles de vie des plantes et des animaux.

Le fait de vivre en nomade n'implique pas, loin de là, que l'on se promène au hasard sur un immense territoire en espérant trouver de quoi manger. Chacune des bandes a une connaissance parfaite de son territoire, des cycles des plantes, des fruits sauvages, des racines comestibles, des habitudes de vie des mammifères, des oiseaux et des poissons. La communauté se déplace à l'intérieur de son territoire d'une façon cyclique et généralement étroitement déterminée par les cycles de la nature. Ainsi telle bande de Montagnais sera à tel moment précis à l'embouchure de la rivière parce que le saumon remonte le courant, à un autre moment donné, elle sera à l'intérieur des terres parce que c'est la période de migration des caribous, mais elle choisira tel lac plutôt que tel autre parce que les bleuets et les framboises y sont abondants.

LES AMÉRINDIENS
TABLEAU CHRONOLOGIQUE ET CULTUREL

Années avant aujourd'hui		
0 500	Nations historiques amérindiennes	Premiers contacts avec les Européens.
3 000	Sylvicole	Dans le sud du Québec, la population s'accroît considérablement et se livre à la pêche et à la cueillette des fruits et des plantes sauvages. Les Amérindiens commencent à fabriquer de nouveaux outils et des vases en céramique; leurs rites funéraires sont plus élaborés. Les Iroquoïens pratiquent l'horticulture et s'établissent dans des villages.
10 000	Archaïque	Les Amérindiens gagnent peu à peu tous les territoires du Québec. Ils s'adaptent à des environnements soit terrestres, soit maritimes où, selon les saisons et les ressources disponibles, ils chassent, ils pêchent ou pratiquent la cueillette.
12 000	Paléo-indien	Arrivée de petits groupes de chasseurs après le retrait des glaciers.

LES INUITS
TABLEAU CHRONOLOGIQUE ET CULTUREL

Années avant aujourd'hui		
0	Inuits historiques	Premiers contacts avec les Européens au XVIe siècle.
450	Thulé	Arrivée de nouveaux groupes inuits spécialisés dans la chasse à la baleine qui remplacent les Dorsétiens; ils exploitent aussi les ressources de l'intérieur. Rencontres sporadiques avec les Vikings du Groenland.
2 000	Dorset	Expansion de la population et transformations culturelles; occupation de tout le littoral du Nouveau-Québec, du Labrador et de Terre-Neuve. Exploitation des ressources marines et terrestres.
3 500	Pré-Dorset	Arrivée des premiers groupes inuits dans le Nouveau-Québec.

Les Inuits

PeuPLE

« Entre 4 000 et 3 000 ans avant aujourd'hui, des bandes de chasseurs, originaires de la lointaine Sibérie, après être passées par l'Arctique oriental, se répandent peu à peu dans les zones côtières de l'Arctique québécois, du Labrador et de la basse Côte-Nord, à la poursuite d'un gibier plus abondant. Les archéologues les appellent les Paléoesquimaux, Prédorsétiens et Dorsétiens. Ces groupes nomades exploitent les ressources de la côte, comme le phoque, mais aussi celles de l'arrière-pays, comme le caribou. De nombreux vestiges de ces groupes ont été mis au jour: restes d'habitations, d'outils et d'armes en pierre, en os, en ivoire, en bois de cervidés et objets sculptés et gravés.

Puis, à partir du second millénaire de notre ère une autre migration se produit: de nouveaux groupes mongoloïdes, chasseurs semi-nomades et porteurs de la culture dite de Thulé, fréquentent l'Arctique oriental pour enfin occuper les régions parcourues par les Paléoesquimaux. La disparition de ces derniers n'est pas encore bien expliquée, ne pouvant être rattachée à des causes précises. Les Thuléens, chasseurs de grands mammifères marins, ont des techniques extrêmement bien adaptées à l'exploitation du milieu maritime. Tout comme pour leurs prédécesseurs dorsétiens, leur territoire de chasse s'étend au golfe du Saint-Laurent: on retrouve des vestiges de leurs campements jusque sur la basse Côte-Nord. Leurs descendants, les Inuits, occupent actuellement les terres de l'Arctique québécois et du Labrador. Leur tradition orale, rapportée depuis le XVIII⁰ siècle par les explorateurs, les missionnaires et les commerçants contribue à expliquer les modalités de l'adaptation humaine au milieu arctique. »[1]

---

[1] *« L'Archéologie au Québec » (Ministère de la Culture - 1995)*

Les familles linguistiques

Iroquoïens et Algonquiens sont deux termes qui désignent deux familles linguistiques différentes. Chaque famille se divise en sous-groupes diversifiés dont la langue, même si elle n'est pas identique en tous points, est issue d'une souche commune. Ces peuples, ou sous-groupes, ont aussi des modes de vie analogues. En général, ceux qui ont une parenté linguistique et qui pratiquent à peu de choses près les mêmes coutumes forment une « aire culturelle ».

La grande famille linguistique des Iroquoïens renferme, entre autres, les Mohawks, les Onéidas, les Onondagas, les Cayugas, les Sénécas et les Hurons. Ils partagent avec les Inuits ce qui constitue aujourd'hui le Québec et une large part du Canada.

Les Algonquiens constituent le groupe linguistique le plus étendu d'Amérique du Nord. Ce groupe comprend, au Québec seulement, les Abénaquis, les Attikameks, les Cris, les Micmacs, les Montagnais, les Naskapis et, cela va de soi, les Algonquins.

Au cours des millénaires, il y eut d'importants déplacements de populations, mais ces deux groupes linguistiques s'en sont tenus à ce qu'on nomme la forêt boréale, immense zone écologique qui couvre une bonne partie du nord-est de l'Amérique du Nord. Elle est couverte de forêts mixtes, résineux et feuillus, sillonnée de lacs et de grandes rivières, entrecoupée de vallées, de plateaux, de terrasses, de marais et de montagnes. Sa flore et sa faune sont d'une grande richesse : végétaux de toutes espèces, caribous, orignaux, cerfs de Virginie, ours, castors, loups, renards, rats musqués, lièvres, porcs-épics, saumons, truites, esturgeons, anguilles, brochets, dorés, outardes, canards, huards, perdrix, etc.

territoire

Malgré toutes ces ressources, la vie n'était pas toujours facile. Le climat de cette immense région est très contrasté : été aride, hiver rigoureux, tempêtes soudaines ou sécheresses dévastatrices. La famine, un incendie de forêt, une épidémie étaient toujours à craindre.

Pour exercer avec fruit leur métier d'agriculteur, les Iroquoïens ont toujours recherché les terres situées dans la région méridionale du haut Saint-Laurent.   *mode de vie*

Pour leur part, les Algonquiens, nomades et essentiellement chasseurs, exploitaient les zones plus giboyeuses et plus accidentées de la rive nord du fleuve Saint-Laurent, poussant leurs expéditions jusqu'à l'extrême nord de la zone forestière, là où il n'y avait plus d'arbres, frontière qu'ils partageaient non sans heurts avec les Inuits.

À cette époque, Inuits et Algonquiens, principalement les Cris, les Naskapis et les Montagnais, géraient des territoires qui se chevauchaient en certains endroits. Ils se rencontraient, faisaient du troc et parfois s'affrontaient en des conflits qui se terminaient par des escarmouches plus ou moins mortelles, rarement cependant en guerre généralisée.

Bataille

Les frontières communes ont été de tout temps la cause de tiraillements entre les peuples.

CARACTÉRISTIQUES DES DEUX FAMILLES

La famille linguistique algonquienne

mode de vie

1. Vit de chasse, de pêche, de cueillette de fruits sauvages.

2. Elle est nomade et a un cycle de vie annuel fondé sur les migrations d'animaux qu'elle chasse ou pêche : caribou, orignal, outarde, saumon, anguille.

3. Elle a perfectionné des moyens de transport tels le canot d'écorce, la raquette à neige, le toboggan. Son habitation est conique ou hémisphérique, habituellement petite, légère et portable.

politique traditionnel

4. Son organisation politique est souple et chaque clan conserve son autonomie. Un chef, généralement le meilleur chasseur ou une personne âgée de grande expérience, est élu chef pour la période de la chasse. Son autorité demeure cependant morale ou est due au prestige.

La famille linguistique iroquoïenne

1. Vit de la culture du maïs, de la courge, du haricot, du tournesol ainsi que du tabac.

2. Elle est sédentaire et a un cycle annuel de vie fondé sur l'agriculture. Elle a cherché un complément alimentaire dans la chasse au cerf de Virginie. Ses champs sont situés à proximité du village et lorsqu'ils ne produisent plus, au bout de 15 ans à 20 ans, le village émigre sur d'autres terres plus riches.

3. Elle a perfectionné des outils agraires et des techniques de transformation et de conservation des produits de la récolte. Ses villages sont imposants, généralement palissadés. Les habitations sont construites en longueur et logent plusieurs familles qui ont chacune leur aire d'occupation.

4. Son organisation politique est complexe. Chaque village est bien structuré avec, à sa tête, des chefs et un conseil central. Chaque maison est sous la juridiction d'une femme et tous ses habitants lui sont inféodés. Leurs structures politiques et sociales ont incité les Iroquoiens à se regrouper au XVIe siècle pour fonder une formidable puissance sous le nom de Confédération des Cinq Nations.

La vie quotidienne

5. Les tâches étaient complémentaires et bien définies.

L'*homme* chassait, pêchait, faisait la traite des fourrures, guerroyait, enseignant ses connaissances aux enfants mâles. La femme avait la responsabilité du foyer, des enfants, des repas, de la confection et de l'entretien des vêtements. Il lui arrivait souvent de pêcher et de chasser. Elle s'éloignait moins du foyer que son mari. Son pouvoir politique était restreint quoiqu'elle avait son mot à dire dans la gestion du clan. Tous deux avironnaient, portaient de lourdes charges, tiraient le toboggan. Ils participaient tous deux à la fabrication du canot d'écorce, des raquettes à neige, d'outils et d'objets d'usage.

6. L'écorce de bouleau sert de matériau pour la fabrication de la batterie de cuisine et de récipients divers. C'est sur cette matière première malléable qu'on retrouve les principaux motifs décoratifs des peuples algonquiens. Ce sont les femmes qui transmettent les traditions artisanales.

7. Les fêtes, les croyances religieuses, les rites et les cérémonies sont reliés aux animaux qu'ils chassent et à leur cycle de vie.

Ils vénèrent les animaux dont ils dépendent pour vivre : le caribou, l'ours, le castor, l'outarde. Ils ne gaspillent rien de ceux qu'ils tuent, même les os sont jetés au feu, à l'eau ou suspendus aux branches des arbres.

5. Les tâches étaient bien réparties entre les deux sexes.

L'*homme* chassait, pêchait, faisait la guerre et la traite avec les autres tribus. Il voyageait beaucoup et s'absentait pour de longues périodes. Il enseignait ses connaissances aux enfants mâles. La *femme* avait la charge des champs et de la culture. Elle accomplissait toutes les tâches reliées à l'alimentation, à l'entretien du foyer, aux enfants, et à la formation des jeunes filles. En vieillissant, elle acquérait un grand pouvoir politique. Elle régnait sur la «maison longue» et tous ses habitants lui étaient inféodés. C'est le conseil des femmes qui choisissait les chefs et elles pouvaient les destituer si elles en décidaient.

6. Les femmes iroquoïennes sont d'excellentes artisanes et des artistes de grand talent. Elles brodent, perlent, confectionnent des bijoux. Au cours de la préhistoire, elles furent les meilleures céramistes d'Amérique du Nord, grâce à leurs poteries décorées de motifs géométriques recherchés.

7. Les fêtes, les croyances religieuses, les rites et les cérémonies sont reliés à la vie agricole.

Ils vénèrent la Terre mère, car sa fécondité les nourrit. Ils ont déifié trois plantes essentielles à leur alimentation : le maïs, la courge, le haricot.

La période historique

La Porte de l'Indien à Québec

La période historique englobe à la fois l'occupation autochtone (Amérindiens et Inuits) et celle des Euro-Québécois. Elle commence aux XVIe et XVIIe siècles.

Les connaissances que nous en avons proviennent de récits d'explorateurs, de missionnaires et de voyageurs, de documents d'archives, de collections de musées et des recherches effectuées par les historiens.

La traite des fourrures

C'est le commerce lucratif des fourrures entre Européens et Autochtones qui a favorisé la croissance des grandes villes du nord-est américain. Leur histoire politique, économique et culturelle remonte donc au début de la colonisation et même avant, car les sites correspondaient à des lieux déjà habités ou fréquentés par les Premières Nations. Les artefacts trouvés lors de fouilles archéologiques démontrent que des réseaux commerciaux sillonnaient le continent, probablement jusqu'en Amérique du Sud, depuis des milliers d'années. Certaines nations amérindiennes, entre autres les Wendats, avaient la réputation d'être d'habiles commerçants et de jouer le rôle d'intermédiaires entre les nations. Les routes fluviales étaient payantes: les commerçants devaient donc acquitter un droit de passage évalué en fonction de leurs cargaisons.

La peau de castor devint l'unité de mesure dans les opérations commerciales. Par exemple, en 1670, elle valait une toise de tabac ou un quart de livre de poudre à fusil, six petits couteaux ou une certaine quantité de perles blanches. La valeur de toutes les autres fourrures était fixée par rapport à celle du castor.

Pour accroître leur commerce, les traiteurs se sont enfoncés jusqu'au cœur du continent, remontant le «Grand Chemin qui marche»[1]. Le premier poste de traite fut établi en 1603 à Tadoussac, à l'embouchure du Saguenay, lorsque Champlain rencontra les Montagnais rassemblés là pour faire la traite. Suivirent Québec en 1608, Trois-Rivières en 1638, Montréal en 1642. Tous ces postes étaient disséminés sur les rives du fleuve Saint-Laurent, première voie navigable et route de ravitaillement de la Nouvelle-France. En 1607, Champlain considérait que ce majestueux cours d'eau était la véritable voie d'accès au pays de la fourrure et aux richesses que recelaient ses terres, son sous-sol et ses forêts. Il avait vu juste.

Les villes de Hull et d'Ottawa sont situées à un autre endroit stratégique, de part et d'autre de la rivière des Outaouais, lieu de rencontres et d'échanges entre les grandes nations commerçantes. Champlain lui-même remonta les rivières Ottawa et Mattawa, puis la rivière des Français jusqu'au lac Huron et à la baie Georgienne, afin d'assurer l'approvisionnement constant de Québec, centre principal d'importation et d'exportation des fourrures.

Ce sera l'industrie forestière qui donnera à partir de 1850 un nouvel essor à la région de Hull-Ottawa et de la Gatineau. Cette industrie supplanta en peu de temps la traite des fourrures déjà moribonde et se placera en quelques années à la tête des industries québécoise et canadienne.

L'Amérindien exploitait la flore et la faune pour assurer sa subsistance. La traite des fourrures le poussa à modifier son comportement. Il en vint à tuer les animaux non plus pour se nourrir, mais pour acquérir des biens qu'il ne pouvait produire lui-même. L'arme à feu en est

[1] *Le Saint-Laurent.*

Peaux d'orignal

l'exemple frappant. La chasse à outrance a eu pour effet de désacraliser la nature et la faune qui la peuplait.

Les industries forestières et minières ont non seulement exclu l'Amérindien de l'économie des régions, mais elles ont joué un rôle déterminant dans l'évolution de son mode de vie. Les coupes de bois s'opéraient au cœur des territoires de chasse amérindiens. Des milliers de bûcherons abattaient quantité d'arbres qui, le printemps venu, flottaient sur les rivières jusqu'aux scieries et aux pulperies. L'industrie forestière détruisait de ce fait les habitats fauniques, chassait l'animal nourricier et privait ainsi les Amérindiens de leur principale source de nourriture.

La Grande Paix du Temps des Fraises

L'événement historique le plus important des relations entre les Amérindiens et les colonisateurs français eut lieu à Montréal en 1701. On l'a nommé la Grande Paix de Montréal.

Les envahisseurs européens avaient bouleversé de fond en comble le mode de vie et l'organisation sociale des nations amérindiennes dès les premières années du XVIIe siècle. La traite des fourrures a eu pour résultat de rompre l'équilibre qui existait entre ces peuples et de susciter des guerres entre Anglais et Français pour la maîtrise des routes commerciales.

Les Iroquois, socialement et militairement mieux structurés, luttèrent contre l'envahisseur pour défendre leur territoire, leurs biens et leurs coutumes. Ils ont réagi avec l'énergie du désespoir, manifestant un courage, une loyauté et une fierté exemplaires. À la fin du XVIIe siècle, ils durent toutefois baisser pavillon. Tous leurs jeunes mouraient par centaines dans une guerre dont ils ne pouvaient espérer sortir vainqueurs, car leurs techniques de combat ne pouvaient rivaliser avec celles de leurs ennemis.

En moins de cinquante ans, certains peuples avaient totalement disparu, décimés par les maladies contagieuses héritées des Européens et contre lesquelles ils n'étaient pas immunisés. La stratégie de la «terre brûlée», qui consistait à tout détruire sur le passage des armées fut désastreuse. Alors que les Amérindiens voyaient leur population diminuer à vue d'œil, le peuplement européen du Nouveau Monde s'accroissait d'année en année. Acculés au pied du mur, les chefs oublièrent leurs différends. Ils entreprirent d'intenses négociations diplomatiques qui durèrent près de dix ans. Le célèbre Kondiaronk, un Wendat qui possédait un don d'orateur et des qualités exceptionnelles de leadership, de sagesse et de clairvoyance, réussit à convaincre ses pairs de la nécessité d'une entente et à les rassembler en 1701 à Montréal.

Les négociations aboutirent à la paix qui fut signée dans cette ville en juillet et août 1701, au «temps des fraises».

Quarante nations et au moins 1 300 délégués venant de tout le nord-est de l'Amérique, convergèrent vers Montréal. Pendant vingt jours se succédèrent les défilés, les rituels incantatoires, les danses, les festins, les échanges de cadeaux et les harangues où les orateurs rivalisaient d'adresse et d'arguments persuasifs.

C'est Frontenac, le gouverneur général de la Nouvelle-France qui, le premier du côté français, avait appuyé et encouragé cette initiative. Il aimait inviter Kondiaronk à sa table, car il admirait son intelligence et son éloquence. Toutefois ce fut son successeur, Louis-Hector de Callière, qui présida la cérémonie de 1701 et prit la parole au nom du roi Louis XIV et de la France. Il était secondé par l'intendant Bochart

de Champigny et le gouverneur de Montréal, Philippe de Rigaud de Vaudreuil. Il pouvait aussi compter sur la collaboration des missionnaires et des interprètes qui connaissaient la langue des divers peuples autochtones. Nicolas Perrot, un interprète, fut un des principaux acteurs dans les négociations préliminaires et au cours de la rencontre elle-même, car il connaissait mieux que quiconque les mœurs et les coutumes des Amérindiens.

Le gouverneur prit toutes les dispositions pour que l'événement reste gravé dans la mémoire des participants. Il fit aménager des tentes et une grande salle près du fleuve, avec des allées, une estrade, des gradins décorés de feuillages. Chaque brigade était accueillie par une canonnade, des décharges de mousquets, des cris, des chants, de la musique. Les délégations d'autochtones reçurent des cadeaux à profusion et assistèrent à des festins sans nombre. Quatre mille personnes ont vraisemblablement participé à la fameuse journée au cours de laquelle les chefs ont tour à tour discouru en termes fleuris, colorés, chargés d'émotion avant d'apposer le symbole de leurs nations au bas du parchemin du traité de paix. Le Tout-Montréal y était et se mêlait aux Amérindiens vêtus de leurs plus beaux costumes et ornés de coiffes et de maquillages hauts en couleur.

Ce repli stratégique, qui précéda de peu le krach du marché de la fourrure en Amérique, a eu d'importantes conséquences. Jusqu'au XVIIIe siècle, les coureurs de bois épousaient des Amérindiennes, les interprètes apprenaient les langues et étudiaient les coutumes des Autochtones. Les chefs et les dirigeants de tout le pays se rencontraient à Québec pour des raisons diplomatiques. La foire annuelle de la fourrure de Montréal réunissait les marchands, les trappeurs, les chasseurs. Les religieux et religieuses s'appliquaient dans leurs écoles à évangéliser et à « civiliser » les enfants. Bref, il régnait à tous les niveaux une interaction constante, tant sur les plans politique et économique que culturel et social.

À partir du début du XVIIIe siècle, les Amérindiens désertèrent la vallée du Saint-Laurent pour trouver refuge dans les grandes forêts nordiques. Ceux qui restèrent se cantonnaient dans des « réserves ».

L'année 1701 a ainsi marqué la naissance de deux grandes solitudes. Les Canadiens français et les Amérindiens ont suivi des voies parallèles mais différentes et les nations autochtones se sont également isolées les unes des autres pour vivre de plus en plus repliées sur elles-mêmes. Pour sa part, la Nouvelle-France se mobilisait devant la menace anglaise. Les alliances qu'elle cherchait avec les Autochtones prenaient une autre forme. La conquête anglaise de 1760 a contribué à creuser l'écart entre les peuples.

Les Canadiens français sont devenus des Laurentiens, ils se sont établis sur les meilleures terres agricoles des rives du Saint-Laurent en se resserrant autour du clocher de l'église paroissiale. De telle sorte qu'aujourd'hui, les Québécois ne savent presque rien des nations autochtones avec lesquelles ils partagent malgré tout un immense territoire. De plus, bien des nations autochtones s'ignorent mutuellement. Cet état de choses est à la base des mésententes et des tensions qui surgissent régulièrement.

Deux siècles et demi plus tard, les Amérindiens renaissent en quelque sorte de leurs cendres. Les enjeux pour eux et pour les sociétés américaines au sens large sont considérables. Encore une fois, ils lancent un cri de détresse et clament leur soif de liberté. « Après avoir enduré passivement 500 années d'oppression, nous sommes résolus, maintenant, à entreprendre la marche vers l'affranchissement », disent-ils. La population autochtone ne fait pas le poids dans les Amériques mais, fait remarquable, elle constitue un formidable réseau de petites communautés dont la plupart sont situées à des points stratégiques.

La crise de Kanesatake en 1990 et le soulèvement des campesinos mexicains du Chiapaz, le 1er janvier 1994, ont eu pour effet de politiser les Autochtones, de cimenter leurs nations et de sensibiliser les Blancs à leurs problèmes et à leurs besoins. Les Autochtones puisent leur énergie dans une culture toujours vivante, dans un patrimoine fortement enraciné et dans l'amour indéfectible de leur territoire.

La période contemporaine

Nations, communautés et populations

Le chef traditionnel de Mingan, Philippe Piétacho

Au Québec, les Amérindiens forment dix nations distinctes. Huit appartiennent à la famille linguistique algonquienne : les Abénaquis, les Algonquins, les Attikameks, les Cris, les Malécites, les Micmacs, les Innus (Montagnais) et les Naskapis. Les deux autres nations, soit les Hurons-Wendat et les Mohawks, se rattachent à la famille linguistique iroquoïenne. Les Inuits du Nunavik forment une onzième nation autochtone. Il y a donc au Québec trois grandes familles linguistiques, onze nations, quarante-deux bandes et quatorze villages nordiques peuplés par des Inuits.

Bonnet de cérémonie

Statistique

Au Canada, quelque 500 000 personnes ont le statut d'«Indien» soit 1,7% de la population totale. Environ 65% de ces Amérindiens vivent dans ce qu'il est convenu d'appeler des «réserves». Les Amérindiens et les Inuits constituent 1% de la population québécoise et 9% de la population indigène du Canada.

Le Conseil de la nation malécite n'a été formé qu'en 1987 et cette collectivité est la moins populeuse du Québec. Tous ses membres, au nombre de 272, vivent hors réserve. À l'opposé, la communauté mohawk de Kahnawake, en banlieue de Montréal, renferme 7 600 membres et la deuxième plus importante collectivité au Canada et la plus importante au Québec.

Les Inuits habitent un immense territoire situé au nord du 55e parallèle dont la superficie est de 563 515 km^2 soit près de 33% de celle du Québec. Près de 7 000 personnes se répartissent dans quatorze villages, tous situés sur le littoral. Sur la côte orientale de la baie d'Hudson vivent les communautés de Kuujjuarapik, Inukjuak, Puvirnituk, Akulivik et Umiujaq. Sur la rive sud du détroit d'Hudson sont installés les villages de Ivujivik, Salluit, Kangiqsujuaq et Quagtaq. Sur les côtes de la baie d'Ungava, on dénombre ceux de Kangirsuk, Aupaluk, Tasiujaq, Kuujjuaq et Kangiqsualujjuaq. Quelques familles cohabitent avec les Cris dans le village de Chisasibi.

La contribution

La contribution des Amérindiens et des Inuits au monde moderne se manifeste dans tous les domaines importants de la vie : l'alimentation, la médecine, la spiritualité, l'environnement, les langues, les sports. Quantité de plantes comestibles ou utiles à diverses fins, cultivées ou exploitées par les autochtones du continent américain, sont désormais connues ou acclimatées dans le monde entier : les arachides, le maïs, le manioc, différentes variétés de piments, les tomates, les courges, les haricots, le tabac.

En Amérique du Nord, sous un climat relativement rude, les Iroquoïens cultivaient le tabac, le maïs et les haricots qu'ils nommaient les plantes-sœurs. Ce sont les agriculteurs amérindiens qui ont initié les colons français à la taille des érables afin d'en extraire la sève qui une fois bouillie se transforme en sirop, puis en sucre. Les sorties à la «cabane à sucre» au printemps et les «épluchettes de blé d'Inde» à l'automne sont des activités empruntées aux fêtes religieuses amérindiennes. Elles sont maintenant bien intégrées au calendrier des festivités annuelles québécoises, même ailleurs au Canada — surtout en Ontario — et dans les états de la Nouvelle-Angleterre. L'acériculture est ainsi devenue, pour de nombreux Canadiens et Américains, une industrie des plus florissantes.

Le métissage

De nombreux citoyens québécois, surtout ceux qui sont issus de familles de vieilles souches, comptent une ou plusieurs femmes amérindiennes dans leur généalogie. Des «Amérindiennes», en effet, car c'étaient les hommes qui, de par leurs métiers, fréquentaient les milieux amérindiens ou inuits. Ils faisaient la traite des fourrures, étaient arpenteurs, bûcherons, géographes, géologues, marchands, coureurs de bois. Ces derniers surtout avaient la réputation d'être souvent responsables de deux familles: l'une en forêt, l'autre à la ville. Il y eut fort peu de femmes blanches mariées à des Amérindiens. Aujourd'hui, le métissage est encore très important, car il y a autant d'hommes que de femmes dont la conjointe ou le conjoint appartient à l'autre ethnie. Au début des années 1950, Jacques Rousseau, ethnobotaniste et spécialiste des cultures autochtones, déclarait: «Si vous secouez l'arbre généalogique d'un Québécois, vous verrez tomber pas mal de plumes.» Le recensement fédéral de 1986 mentionne qu'au Québec 40 000 personnes se sont déclarées autochtones vivant hors réserve.

On commet souvent l'erreur de parler des Amérindiens comme s'ils ne formaient qu'une seule nation. En réalité, ils représentent une mosaïque fort complexe de nombreux groupes ethniques tous façonnés par le milieu où ils s'implantèrent. Pour bien saisir le portrait culturel de ces communautés, il faut tenir compte de leur répartition géographique par rapport aux centres urbains, car ceux-ci exercent sur eux une influence non négligeable. Il existe six communautés, soit 18 000 personnes, qui vivent dans les banlieues de grands centres urbains, cinq autres, soit 10 000 personnes, habitent près de centres urbains de moyenne importance. Enfin près de 30 000 personnes affiliées à quarante-deux communautés vivent très loin de toute agglomération et sont de ce fait en grande partie isolées, car les lieux où elles habitent ne sont accessibles que par avion, par bateau ou par des chemins forestiers.

LES NOMS DE PEUPLES

La plupart des nations autochtones ont été affublées de surnoms qui sont des déformations de leur nom original ou qui furent donnés par les missionnaires, les explorateurs ou d'autres peuples voisins à partir d'une caractéristique qui les avait frappés.

La célèbre nation huronne tire son nom de sa coiffure traditionnelle en forme de hure. Ce peuple se dénomme en réalité Wendat, c'est-à-dire Peuple de la péninsule et il habite le village de Wendake connu autrefois sous le nom de Village des Hurons. Les Montagnais ont été surnommés ainsi à cause du caractère géographique de leur région, les Têtes-de-Boule, les Gros-Ventres, les Nez-Percés sont ainsi nommés pour des raisons évidentes. En réalité, tous ces peuples ont un mot pour exprimer ce qu'ils considèrent comme les «vrais humains», le «premier peuple»: ils se disent Inuits, Innus, Dene, Anish-na-be, etc.

Aujourd'hui, ces noms véritables sortent en quelque sorte de la clandestinité, sont de plus en plus utilisés et, dans plusieurs cas, considérés comme noms officiels. On le constate pour les communautés nordiques du Nunavik et de plusieurs villages amérindiens.

«Portrait», peinture de Marc Siméon

La langue québécoise

Ce sont les mots d'origines amérindienne et inuite qui font l'originalité de la langue québécoise et la démarquent des autres langues de la francophonie. Amérindiens et Canadiens ont vécu en relation très étroite aux XVIIe et XVIIIe siècles, époque où beaucoup plus de gens parlaient les langues vernaculaires qu'actuellement. Les traiteurs de fourrures, missionnaires, commerçants et traducteurs dits truchements apprenaient les langues indigènes par nécessité et les colons adoptaient rapidement les mots nouveaux qu'ils devaient utiliser dans leurs échanges avec les Autochtones.

La langue québécoise est truffée de mots amérindiens ou inuits. Au cours des millénaires, les premiers habitants n'ont pas manqué de baptiser les lieux où ils passaient ou s'établissaient provisoirement. Tous ces beaux mots chargés de sens et de mystère sont tellement intégrés à la langue de tous les jours que les Québécois les utilisent sans s'interroger sur leur provenance.

Ainsi, le nom OTTAWA qui désigne la capitale du Canada, vient du terme algonquin qui signifie « l'endroit où l'eau est en ébullition ». Le nom CANADA n'a pas été attribué par Jacques Cartier au pays qu'il foulait pour la première fois, il vient d'un mot iroquoïen, kanata, qui signifie « village ». Le nom de QUÉBEC est d'origine algonquienne et décrit le passage étroit des eaux du Saint-Laurent au pied du cap Diamant.

Plusieurs noms, ainsi que les objets qu'ils décrivent, ont enrichi le patrimoine mondial à plus d'un point de vue. Ce sont, entre autres, le KAYAK et le MOCASSIN. Le kayak, embarcation ingénieuse d'après les dires des spécialistes de la navigation, est devenu un sport universel, au point de faire partie des disciplines olympiques. Le mot kayak est d'ailleurs un beau palindrome, tout comme ulu[1]. Toutes les langues utilisent le mot mocassin pour désigner une chaussure basse, souple et sans talon.

---

[1] *Ulu : couteau féminin inuit en croissant de lune. Utilisé comme symbole du patrimoine des peuples nordiques.*

«Plusieurs toponymes mettent l'accent sur une particularité physique du site: par exemple GASPÉ, un nom micmac, signifie «foin de l'extrémité», et TADOUSSAC, «seins de femme», en référence aux collines rondes bornant l'endroit. D'autres appellations entretiennent un lien direct avec l'eau: CHICOUTIMI (montagnais) veut dire «fin des eaux profondes»; MAGOG (abénakis), «étendue d'eau»; MATTAWA (algonquin), «confluence de rivières». Comme les autochtones dépendaient presque entièrement de la nature pour leur survie, les noms de lieux signalant l'abondance d'une denrée alimentaire sont également nombreux: MÉGANTIC (abénakis), signifie «hôte de nombreux poissons»; ANTICOSTI, «territoire de chasse de l'ours»; CACOUNA (cri), «pays du porc-épic». Certains noms encore signalent la présence de ressources utilisées pour la fabrication d'outils et d'objets nécessaires à la vie dans les bois. MANICOUAGAN (cri) signifie «où il y a de l'écorce à canot»; ETCHEMIN (abénakis), «où il y a de la peau pour faire des raquettes»; RIMOUSKI (du micmac), «pays de l'orignal».»[2]

---

[2] *« L'Indien généreux. »*

Toutes les pistes sont ouvertes. Vous n'aurez rien à porter...

POUR COMPLÉTER
VOTRE
INFORMATION

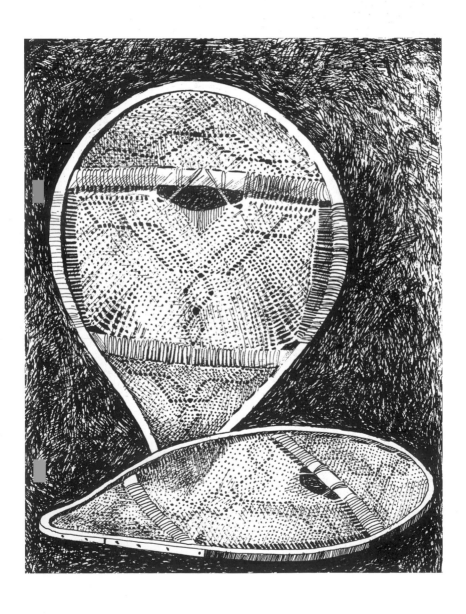

Les informations contenues dans ce chapitre ne sont pas exhaustives. Elles ont cependant été minutieusement sélectionnées et constituent une excellente source de référence. Elles vous donnent accès à tous les principaux centres d'intérêt relatifs aux Amérindiens et aux Inuits du Québec.

Des adresses utiles

TOURISME

Aventure inuit
Voyage F.P.N.Q. inc.
19950, rue Clark Graham
Baie d'Urfé (Québec)
H9X 3R8
Téléphone : (514) 457-2236
Téléc. : (514) 457-4626

Aventures Mistissini
336, boulevard Mistissini
Lac Mistissini (Québec)
G0W 1E0
Téléphone : (418) 923-2580

Nessipi Kantuet
Case postale 744
Schefferville (Québec)
G0G 2T0
Téléphone : (418)585-3756

Club d'aventures Naskapi
Case postale 939
Schefferville (Québec)
G0G 2T0
Téléphone : (514) 585-2612
Téléc. : (514) 585-3953

Wawati
Case postale 118
Val-d'Or (Québec)
J9P 4N9
Téléphone/Téléc. :
(514) 824-7653

Les Chalets Six Saisons
Atikamekw
M. Ernest Ottawa
80, rue Metapeckeka
Manouane (Québec)
J0K 1M0
Téléphone : (819) 971-1455
Téléc. : (819) 971-1484

Camp des Dix
David Marcel Ottawa
350, rue Simon-Ottawa
Manouane (Québec)
J0K 1M0
Téléphone/Téléc. : 971-8819

Coocoocache
Jacques Newashish
Lucien Awashish
Wemotaci (Québec)
G0X 3R0
Téléphone : (514) 666-2366

Essipit
La Communauté Montagnaise
27, rue de la Réserve
Les Escoumins (Québec)
G0T 1K0
Téléphone : (418) 232-6662
(418) 232-6778
(418) 233-2509

Auberge Kukum
241, rue Ouiatchouan
Mashteuiatsh (Québec)
G0W 2H0
Téléphone : (514) 275-0697
Téléc. : (514) 275-6481

Mingan
Circuit touristique montagnais
Mingan (Québec)
Téléphone : (418) 949-2234

Aventure Mikuan
140, rue Ouiatchouan
Mashteuiatsh (Québec)
Téléphone : (418) 275-2949

Société touristique innu inc.
202, rue Ouiatchouan
Mashteuiatsh (Québec)
G0H 2W0
Téléphone : (418) 275-7464

Wigwam. La Maison du
tourisme culturel en milieu
autochtone
62, rue Deziel
Lévis (Québec)
G6V 3T8
Téléphone : (418) 833-0663

Circuits métropole Kanien
'Kehaka visite pédestre de
Kahnawaké
Téléphone : (514) 481-8092
　　　　　　 (514) 481-7906

Vieux village indien de
Kahnawaké
Téléphone : (514) 638-6521
　　　　　　 (514) 632-7674

Association d'affaires des
premiers peuples
620, Chef Thomas Martin
Wendaké (Québec)
G0A 4V0
Téléphone : (418) 843-4535
Téléc. : (418) 843-1529

ÉVÉNEMENTS

Terres en vues
Festival du film et de la vidéo
Autochtone de Montréal
770, Rachel est
Montréal (Québec)
H2L 2H5
Téléphone : (514) 521-2714
Information festival :
(514) 521-5383

ORGANISMES INUITS DE DÉVELOPPEMENT

Administration régionale Kativik
Case postale 9
Kuujuaq (Québec)
J0M 1C0
Téléphone : (819) 964-2961
Téléc. : (819) 964-2956

Commission scolaire Kativik
305, rue Mimosa
Dorval (Québec)
H9S 3K5
Téléphone : (514) 636-8120

Fédération des coopératives
du Nouveau-Québec
19 950, rue Clark-Graham
Baie d'Urfé (Québec)
H9X 3R8
Téléphone : (514) 457-9371

Conseil régional de
développement
C.R.D. Kativik
Case postale 239
Kuujuaq (Québec)
J0M 1C0
Téléphone : (819) 964-2611

LE NUNAVIK :
OÙ ? QUAND ? COMMENT ?

Il est indispensable de préparer le voyage à l'avance et de prendre contact avec les organismes appropriés pour obtenir des renseignements sur les possibilités d'hébergement et les voyages organisés.

Association touristique du Nunavik
Kuujjuak (Québec)
Téléphone : (819) 964- 2065
Téléc. : (819) 964-2611

Aventures inuites
19950, rue Clark Graham
Baie-d'Urfé (Québec)
H9X 3R8
Tél. : (514) 457-9371
Télec. : (514) 457-4626
Circuits-aventures hiver et été
Traîneau à chiens
Montoneige
Safari-photo
Circuits culturels

Tuvaaluk Corporation
Quaqtaq (Québec)
J0M 1J0
Téléphone : (819) 492-9904
Téléc. : (819) 492-9026
Circuits-aventures hiver
Traîneau à chiens
Motoneige
Safari-photo
Circuits culturels

Aventures Ammuumaajuq
Kangiqsujuak (Québec)
J0M 1K0
Téléphone : (819) 338-3286
Téléc. : (819) 338-3370
Circuits-aventures hiver et été
Traîneau à chiens
Motoneige
Safari-photo
Circuits culturels

Voyages Sidlami
70, rue Dalhia
Dorval (Québec)
H9S 3N2
Téléphone : (514) 633-0893
Téléc. : (514) 633-6415
Croisière en voilier
Intégration à l'environnement culturel, archéologique et biophysique
Randonnée et alpinisme au mont Torngat (Québec et Labrador)

Pourvoirie du massif des Torngats
225, 5e Avenue
Saint-Gabriel-de-Val-Cartier (Québec)
G0A 4S0
Téléphone/Téléc. :
(418) 844-2716
Circuits-aventures hiver
Motoneige
Safari-photo
Circuits culturels

Safari Nordik
639, boulevard Labelle
Blainville (Québec)
J7C 3H8
Téléphone : (514) 971- 1800
Téléc. : (514) 971-1771
Circuits été
Exploration de rivières

Quasegiak Charter
Salluit (Québec)
J0M 1S0
Téléphone : (819) 255-8120
Téléc. : (819) 255-8360
Observation faune

Fédération des coopératives du
Nouveau-Québec
19 950, rue Clark Graham
Baie-d'Urfé (Québec)
Téléphone : (514) 457-9371
Téléc. : (514) 457-4626
Sculpture et artisanat inuits

Institut culturel Avataq
650, 32e Avenue
Lachine (Québec)
H8T 3K5
Téléphone : (514) 637-9887
Téléc. : (514) 637-9707
Centre de documentation

Institut culturel Avataq
Inukjuak (Québec)
J0M 1M0
Téléphone : (819) 254-8919
Téléc. : (819) 254-8148
Musée

LES ORGANISATIONS POLITIQUES AUTOCHTONES ET LEURS BUREAUX RÉGIONAUX

Abénaquis

Grand conseil de la nation de
Waban-Aki inc.
Siège administratif
157, Brassard
Case postale 430
Nicolet (Québec)
J0G 1E0
Téléphone : (819) 293-6801
Téléc. : (819) 293-6807

Grand conseil de la nation
Waban-Aki inc.
Siège social
58, rue Waban Aki
Odanak (Québec)
J0G 1H0
Téléphone : (514) 568-2810

Algonquins

Secrétariat des Programmes et
Services de la nation
algonquine
Réserve de Témiscamingue
Case postale 367
Notre-Dame-du-Nord (Québec)
J0Z 3B0
Téléphone : (819) 723-2019
Téléc. : (819) 723-2345

Algonquin Anishinabe Nation
P.O. Box 313
Maniwaki (Québec)
J9E 3C9
Téléphone : (819) 449-1225
Téléc. : (819) 449-5673

Attikameks

Conseil de la nation attikamek
(Attikamekw-Sipi)
317, rue Saint-Joseph
Case postale 848
La Tuque (Québec)
G9X 3P6
Téléphone : (819) 523-6153
Téléc. : (819) 523-8706

Cris

Grand conseil des Cris du
Québec
Némiscau (Québec)
J0Y 3B0
Téléphone : (819) 673-2600
Téléc. : (819) 673-2606

Grand conseil des Cris du
Québec
1, Place Ville-Marie, Bureau
3438
Montréal (Québec)
H3B 3N6
Téléphone : (514) 861-5837
Téléc. : (514) 871-0760

Hurons

Conseil de la nation huronne-
wendat
225, Place Michel Laveau
Wendake (Québec)
G0A 4V0
Téléphone : (418) 843-3767
Téléc. : (418) 842-1108

Inuits

Société Makivik
Case postale 179
Kuujjuaq (Québec)
J0M 1C0
Téléphone :(819) 964-2925
Téléc. : (819) 964-2613

Société Makivik
650, 32e avenue
Lachine (Québec)
H8T 3K5
Téléphone : (514) 634-8091
Téléc. : (514) 634-8091
(ext. 212)

Malécites

Conseil de la nation malécite de
Viger
1078, rue Sainte-Hélène
Longueuil (Québec)
J4K 3R9
Téléphone : (514) 674-2030
Téléc. : (514) 674-2023

Micmacs

Conseil de bande des Micmacs
de Gesgapegiag
Case postale 1280
Maria (Québec)
G0C 1Y0
Téléphone : (418) 759-3441
Téléc. : (418) 759-5856

Conseil de bande de
Restigouche
17, Riverside Ouest
Restigouche (Québec)
G0C 2R0
Téléphone : (418) 788-2904
Téléc. : (418) 788-2058

Conseil de bande de Gaspé
Case postale 69, Fontenelle
Gaspé (Québec)
G0E 1H0
Téléphone : (418) 368-6005

Mohawks

Conseil de bande de
Kahnawake
Case postale 720
Kahnawake (Québec)
J0L 1B0
Téléphone : (514) 632-7500
Téléc. : (514) 638-5958

Conseil des Mohawks
d'Akwesasne
Case postale 759
Akwesasne
Via Cornwall (Ontario)
K6H 5T3
Téléphone : (613) 575-2348

Conseil des Mohawks de
Kanesatake
Case postale 607
Kanesatake (Québec)
J0N 1E0
Téléphone : (514) 479-8373

Montagnais-Innus

Mamit Innuat
Case postale 335
Mingan (Québec)
G0G 1V0
Téléphone : (418) 949-2215

Conseil tribal Mamuitun
20, rue Messek
Betsiamites (Québec)
G0H 1B0
Téléphone : (418) 567-2295
Téléc. : (418) 567-8528

Naskapis

Conseil de bande de
Kawawachikamach
Case postale 970
Kawawachikamach (Québec)
G0G 2T0
Téléphone : (418) 585-2686
Téléc. : (418) 585-3130

SAPNQ

Secrétariat de l'Assemblée des
Premières Nations du Québec
et du Labrador
430, rue Koska
Wendake (Québec)
G0A 4V0
Téléphone : (418) 842-5020
            (418) 842-5274
Téléc. : (418) 842-2660

**Association des Femmes
Autochtones du Québec**

1450, City Councillors
Bureau 440
Montréal (Québec)
H3A 2E5
Téléphone : (514) 844-9618
            1-800-363-0322
Téléc. : (514) 844-2108

Alliance Autochtones du Québec

21, rue Brodeur
Hull (Québec)
J8Y 2P6
Téléphone : (819) 770-7763
Téléc. : (819) 770-6070

Association des Métis et Indiens hors réserves du Québec

713, boulevard St-Joseph
Roberval (Québec)
G8N 2L3
Téléphone : (418) 275-0198
Téléc. : (418) 275-6374

Indian Rights for Québec Indian Women

Case postale 614
Kahnawake (Québec)
J0L 1B0
Téléphone : (514) 632-6304

INSTITUTIONS CULTURELLES

Abénaquis

Musée des Abénaquis
108, rue Waban-Aki
Odanak (Québec)
J0G 1H0
Téléphone : (514) 568-2600

Algonquins

Centre culturel et éducatif
Lac Simon
Abitibi (Québec)
Téléphone : (819) 736-2351

River Desert Cultural Education Centre
Bande indienne de Maniwaki
Case postale 309
Maniwaki (Québec)
J9E 3C9
Téléphone : (418) 449-5039

Société Matcite8eia
10, rue Abitibiwinni
Pikogan (Québec)
J9T 3A3
Téléphone : (819) 732-0167

Montagnais

Institut culturel et éducatif
Montagnais inc. (ICEM)
40, François Gros-Louis
Wendake (Québec)
G0A 4V0
Téléphone : (418) 843-0258

Musée amérindien de Pointe-Bleue
407, rue Amishk
Mashteuiatsh (Québec)
G0W 2H0
Téléphone : (418) 275-4842

Hurons

Musée Arouanne
10, Terrain-du-Seigneur
Wendake (Québec)
G0A 4V0
Téléphone : (418) 845-1241

Centre culturel et éducatif du
Village-des-Hurons
145, rue Aimé-Romain
Wendake (Québec)
G0A 4V0
Téléphone : (418) 843-3767

Conseil en éducation des
premières nations
240, Place Sondawka
Wendake (Québec)
G0A 4V0
Téléphone : (418) 842-7672

Inuits

Institut culturel Avataq
Inukjuak (Québec)
J0M 1M0
Téléphone : (819) 254-8919

Musée Inuit d'Inukjuak
Inukjuak (Québec)
J0M 1M0
Téléphone : (819) 254-8919

Micmacs

Gesgapegiag Cultural
Education Centre
Case postale 1280,
Wesjwapniag
Gesgapegiag (Québec)
G0C 1Y0
Téléphone : (418) 759-3422

Restigouche Institute of Cultural
Education
1, Riverside Ouest
Restigouche (Québec)
G0C 2R0
Téléphone : (418) 788-2904

Restigouche Micmac Craft
Association
29, Gaspé Highway
Restigouche (Québec)
G0C 2R0
Téléphone : (418) 788-5354

Centre d'interprétation de la
culture micmacque
Restigouche (Québec)
G0C 2R0
Téléphone : (418) 788-2136

LES CENTRES D'AMITIÉ AUTOCHTONES DU QUÉBEC

Regroupement des centres
d'amitié autochtone du Québec
1011, 6e Rue
Val-d'Or (Québec)
J9P 3W4
Téléphone : (819) 825-6857

Regroupement des centres
d'amitié autochtone du Québec
30, rue de l'Ours
Wendake (Québec)
G0A 4V0
Téléphone : (418) 842-6354

Centre d'amitié autochtone de
Québec
234, rue Saint-Louis
Loretteville (Québec)
G2B 1L4
Téléphone : (418) 843-5818
Télécopieur : (418) 843-8960

Centre d'amitié autochtone de
Montréal
3730, Côte-des-Neiges
Montréal (Québec)
H3N 1V6
Téléphone : (514) 937-5338

Centre d'amitié Innu inc.
Boîte postale 81
Maliotenam (Québec)
G4R 4K2
Téléphone : (418) 968-2026

Centre d'amitié autochtone de
Val-d'Or
1011, 6e Rue
Val-d'Or (Québec)
J9P 3W4
Téléphone : (819) 825-6958

Centre d'amitié et d'entraide de
la Tuque
544, rue Saint-Antoine
La Tuque (Québec)
G9X 2Y4
Téléphone : (819) 523-8637

Centre d'amitié autochtone de
Chibougamau
95, rue Jaculet
Chibougamau (Québec)
G8P 2G4
Téléphone : (418) 748-2050
(418) 748-7667

Centre d'amitié autochtone de
Senneterre
910, 10e Avenue - C.P. 1769
Senneterre (Québec)
J0Y 2M0
Téléphone : (819) 737-2324

OUTRE-MER

Galerie Saint-Merri
Art Inuit
9, rue Saint-Merri
75004 Paris
FRANCE
Téléphone : 1-42.77.39.12
Télécopieur : 1-40.71.02.20

L'Iglou Art Esquimau
35, rue N.D des Wets
59500 Douai
FRANCE
Téléphone :27.88.29.14

D.A.Q. Mme Beneteau
93330 Neuilly-sur-Marne
FRANCE
Téléphone : 43.08.84.23

Inuit Galerie
Augustaan Lage 3
6800 Mannheim 1
ALLEMAGNE
Téléphone : (0621) 41.49.96

Atoka Diffusion
17, Place du Moûtier
94800 Villejuif
FRANCE
Téléphone : 47.26.64.81

Des livres

BALAC, Anne-Marie, *L'archéologie au Québec*, Ministère des affaires culturelles, Québec, 1985.

BARRÉ, Georges et Robert Larocque, *L'archéologie des Amérindiens et des Inuit*, Musée du Bas-Saint-Laurent, Rivière-du-Loup, 1987.

BEAULIEU, Alain, *Convertir les fils de Caïn*, Nuit blanche, Québec, 1990.

BÉCARD, Charles, Sieur de Grandville, *Codex du Nord Amériquain, Quebek 1701*, Média-Teq & Parti Pris, Montréal, 1981.

BOUCHARD, Serge et Josée Mailhot, *Structure du lexique: les animaux indiens*, Recherches amérindiennes au Québec, 1973, vol.3, nos 1-2, pp.39-67.

BRUEEMMER, Fred et William E. Taylor, *L'Arctique circumpolaire*, Trécarré, Montréal, 1985.

BURNHAM, Dorothy K., *To please the caribou*, Royal Ontario Museum, Toronto, 1992.

CHARLEVOIX, Pierre F.X. de, *Histoire et description générale de la Nouvelle-France*, cité dans Maurice Roelens, Ed., *Dialogue avec un Sauvage*, Montréal, Ed. Leméac, 1974.

CLERMONT, Normand, Claude Chapdelaine et Georges Barré, *Le site iroquoïen de Lanoraie*, Témoignage d'une maison-longue, Montréal, Recherches amérindiennes au Québec, 1983.

COLLECTIF, *Aux couleurs de la terre*, Héritage culturel des Premières Nations, Musée McCord d'histoire canadienne, Montréal, 1992.

COLLECTIF, THE ARTS OF THE NORTH AMERICAN INDIANS, *Native Traditions in Evolution*, Philbrook Art Center, Tulsa, USA, 1986.

COLOMB, Christophe, *La découverte de l'Amérique*, Paris, La Découverte, 2 vol., 1979.

COOCOO, Charles, *Broderies sur mocassins*, Chicoutimi, Les Éditions JCL Inc., 1988.

DELAGE, Denys, *Le pays renversé, Amérindiens et Européens en Amérique du Nord-Est, 1600-1664*, Montréal, Boréal Express, 1985.

DESTIN D'AMÉRIQUE, *Les Autochtones et nous*, Montréal, Ed. de l'Hexagone, 1979.

DIAMOND, Billy et Danielle Medina, *Haute cuisine autochtone canadienne*, Aliments oudeheemina, 1993.

DOMINIQUE, Richard, *Le langage de la chasse*. Récit autobiographique de Michel Grégoire, Montagnais de Natashquan, Sillery, Presses de l'Université du Québec, 1989.

DUMAS, Lucie et Al., *Les Amérindiens et les Inuits du Québec d'aujourd'hui*, Secrétariat aux affaires autochtones en coll. avec les Publications du Québec, Québec, 1992.

DUPONT, Jean-Claude, *Légendes amérindiennes*, Les Éditions Dupont, Québec, 1993.

DUPUIS, René, *La question indienne au Canada*, Boréal, Québec, 1991.

DURANLEAU, François, *Archéologie au Québec*, Ministère des affaires culturelles, Québec, 1979.

FORTIN, Jean, O.M.I., *Coup d'oeil sur le monde merveilleux des Montagnais de la Côte-Nord*, Institut éducatif et culturel montagnais et Missionnaires oblats de Marie-Immaculée, Wendake, 1992.

GAGNON, F.-M., *Ces hommes dits sauvages*, Montréal, Libre Express, 1984.

GAGNON, F.-M., *Jacques Cartier et la découverte du Nouveau Monde*, Québec, Musée du Québec, 1984.

GAGNON, Louis, Charlie Inukpuk, *Étude sémiotique d'un cas en art inuit*, Québec, Université Laval, 1991 (Mémoire de maîtrise).

HAVARD, Gilles, *La grande paix de Montréal de 1701*, Les voies de la diplomatie franco-amérindienne, Recherches amérindiennes au Québec, 1992.

JENNESS, Diamond, dir., *The Corn Goddess and Other Tales from Indian Canada*, Ottawa, National Museum of Canada, 1955.

KAPESH, an Antane, *Qu'as-tu fait de mon pays?* Les Éditions Impossibles, Ottawa, 1979.

KARKLINS KARLIS, *Les parures de traite chez les peuples autochtones du Canada*, Environnement Canada, Service des parcs, Ottawa, 1992.

LEVI-STRAUSS, Claude, *Anthropologie structurable*, Paris, Plon, ch.XI « La structure des mythes », 1962, pp.227-256.

MAILHOT, José, *Au pays des Innus: Les gens de Sheshatshit*, Recherches amérindiennes au Québec, Montréal, 1993.

McLUHAN, T.C., *Pieds nus sur la terre sacrée*, Paris, Denoël, 1974.

MONGEAU, Marcel, O.M.I., *MISHTA PINAMEN, Philomène la formidable*, Conseil de bande montagnais de Schefferville, 1981.

NOËL, Michel, André Vollant, *Aquarelles*, Roussan Éditeur, Montréal, 1991.

NOËL, Michel, *Art décoratif et vestimentaire des Amérindiens du Québec*, XVIe et XVIIe siècles, Leméac, 1979.

NOËL, Michel, *Artisanat québécois*, Tome 3, Indiens et Esquimaux, co-auteur Cyril Simard, Éditions de l'Homme, 1977.

NOËL, Michel, *Carnet de voyage, Le vieux comptoir de la Baie James*, Leméac, 1982.

NOËL, Michel, *L'art des Autochtones du Québec*, Revue Vie des Arts, Vol.XXX1V, Numéro 137, Montréal, 1989.

NOËL, Michel, *Le Bestiaire, INNUAITUN*, Roussan Éditeur et l'Institut culturel éducatif montagnais, Montréal, 1993.

NOËL, Michel, *Le Métis amoureux, Le Loup de Gouttière*, Québec, 1993.

NOËL, Michel, *NUNAVIMIUT, Art inuit*, Roussan Éditeur et l'Institut culturel Avataq, Montréal 1992.

NOËL, Michel, *Prendre la parole, NIBIMATISIWIN*, Roussan Éditeur et MATCITEWEIA, Montréal, 1993.

PROVOST, Michelle, *NITAKINAN, notre terre: Les Algonquins du Québec* (Les Premières Nations), publié en collaboration: Gouvernement du Québec, ministère de l'Éducation et Musée de la civilisation, Les Publications Graficor, 1989.

PROVOST, Michelle, *NUNAVIK, La terre où l'on s'installe*, Graficor et Musée de la civilisation, Québec, 1988.

SAGARD-THEODAT, Gabriel, Frère Récollet, *Le grand voyage au pays des Hurons*, présenté par Marcel Trudel, Montréal, Hurtubise HMH, 1976.

SAVARD, Rémi, *Carcajou et le Sens du monde*, Récits montagnais-naskapi, Québec, ministère des Affaires culturelles, 1974.

SÉLECTION DU READER'S DIGEST, *La grande aventure des Indiens d'Amérique du Nord*, sous la direction de Stanley A. Freed, The Reader's Digest Association Inc., Montréal, 1983.

SIMPSON, Danielle, *Nitassinan, notre territoire*, Collection des Premières Nations, Les Publications Graficor, 1989.

SIMPSON, Danielle, *Wôbanaki, la Terre de l'aurore: Les Abénakis du Québec (Les Premières Nations)*, publié en collaboration avec: Gouvernement du Québec, ministère de l'Éducation et Musée de la civilisation, Québec, 1993.

SIOUI, Anne-Marie, *Les onze portraits d'indiens du codex canadiensis*, Recherches amérindiennes au Québec.

SIOUI, Éléonore Andatha, *Andatha, Recueil de poèmes*, Val d'Or, Éditions Hyperborée, Coll. «Bribes d'Univers», 1985.

SIOUI, Éléonore, T., *Femmes de l'Isle*, Hyperborées, Val d'Or, 1985.

SIOUI, Georges, *L'impact de la rencontre sur les sociétés amérindiennes de l'Amérique du Nord-Est*, Québec, Musée de la civilisation, 1990.

SIOUI, Georges, *Pour une autohistoire amérindienne*, Québec, Les Presses de l'Université Laval, 1989.

SPECK, F.G., *Naskapi, The Savage Hunters of the Labrador Peninsula*, Norman University of Oklahoma Press, 1935.

SWINTON, George, *La sculpture des Esquimaux du Canada*, traduit de l'anglais par Jean-Paul Partensky, Les Éditions de la Presse, Montréal, 1976.

VACHON, Daniel, *L'Histoire des Montagnais de Sept-Iles*, Éditions Innu, Sept-Iles, 1985.

VAUGEOIS, Denis, *L'Indien généreux, ce que le monde doit aux Amériques*, Boréal/Septentrion, Montréal, 1992 (Louise Côté et Louis Tardivel).

Des mots

AA

Oui, en inuktitut, dans la langue des Inuits.

ABÉNAKIS

Orthographe du mot « Abénaquis » selon la langue abénaquise. Les Abénakis forment l'une des onze nations autochtones du Québec de la grande famille algonquienne.

ABITIBI

Mot algonquin qui désigne une vaste région du nord-est québécois. Ce mot signifie les eaux mitoyennes - La ligne de partage des eaux.

ACHIGAN

Mot d'origine algonquienne, qui signifie « celui qui se débat », désigne un poisson d'eau douce fort prisé des pêcheurs sportifs.

AIR INUIT

Compagnie d'aviation appartenant aux Inuits.

ALASKA

Mot d'origine inuite; dans la langue des Inuits Alaska signifie « La grande terre ». Elle est explorée pour la première fois en 1741 par Vitus Béring (1680-1741) pour le compte du Tsar de Russie qui en prend possession. L'Alaska est riche en fourrures et on y érige le premier comptoir de traite dès 1783 sur l'île de Kodiak.

Le 30 mars 1867, la Russie vend l'Alaska aux États-Unis. En 1959, elle devient le 49e état américain. La « Route de l'Alaska » relie aujourd'hui la Colombie Britannique à Fairbanks.

ALGONQUIENNE

Grande famille linguistique qui au Québec seulement regroupe les Algonquins, les Montagnais (Innus), les Attikameks, les Micmacs, les Cris, les Abénakis, les Naskapis et les Malécites.

ALLOCHTONES

Ce mot désigne une personne qui n'est pas originaire du pays où elle habite ou une personne dont la race et la langue diffèrent de celles des premiers habitants d'un pays. Par exemple: un Québécois ou un Canadien, chez les Inuits du Nunavik.

AMAROK

Dans la langue inuktitut, nom du loup arctique.

AMAUTI

Mot inuit pour désigner un vêtement en forme de sac dans lequel la maman inuite porte son bébé sur son dos.

AMÉRINDIEN

n.m., Amérindienne, n.f. (syn.: Indien, n.m., Indienne, n.f.). Autochtone d'Amérique d'origine asiatique, dont l'habitat et la civilisation se sont étendus historiquement à l'ensemble du continent, à l'exception de sa partie la plus septentrionale. Anglais: Amerindian; Amerind.

ANICINABEC

Mot algonquin pour désigner tous les Autochtones. Au singulier: anicinabé.

APUT

En inuktitut ce mot désigne la neige, mais l'inuktitut est une langue d'une grande richesse et les Inuits ont une variété exceptionnelle de mots pour exprimer toutes les sortes et toutes les nuances de la neige.

ATIGI

Mot en inuktitut pour désigner un manteau ample et chaud, à capuchon bordé de fourrure à longs poils (renard ou chien) porté par les habitants des régions nordiques. Il est fabriqué de molleton et souvent décoré de biais de couleur et de broderies.

ATIKAMEKW

Orthographe du mot Attikamek. Selon la langue attikamek, les Atikamekw forment l'une des onze nations autochtones du Québec.

ATOCA

Mot d'origine amérindienne qui désigne l'airelle canneberge qui est une baie comestible, rouge et de saveur acidulée, répandue du Labrador à la Virginie.

AUTOCHTONE

Personne vivant sur le territoire habité par ses ancêtres depuis un temps immémorial. Anglais: native; aboriginal.

Au Canada, la Loi constitutionnelle de 1982 distingue les Autochtones que sont les Inuits, les Indiens et les Métis des autres habitants qui sont d'origine européenne ou immigrants.

AVATAQ (mot inuit), voir Institut culturel Avataq.

C'est ce qui émerge pour signaler la position du corps d'un animal marin submergé. L'avataq est un instrument utilisé par les chasseurs inuits lors de la chasse au phoque ou à la baleine. Il s'agit d'une peau de phoque, épilée, fermée hermétiquement et gonflée comme un ballon. L'avataq est retenu à la pointe mobile du harpon par un long filin de cuir. Si l'animal harponné coule au fond de l'eau ou tente de fuir, l'avataq sert de frein ou de bouée de signalisation pour localiser la proie. Un kayak est généralement équipé de plusieurs avataq.

BABICHE

Mot micmac, «ababiche», qui veut dire ficelle ou corde. La babiche est une mince lanière de peau verte aux usages multiples. Entre autres utilisée pour tresser le treillis des raquettes à neige.

BANDE

Historiquement, les collectivités amérindiennes ont été désignées par le terme «Bande indienne» et l'entité politique qui les dirige par «conseil de bande».

BANNIQUE

Pain amérindien fabriqué avec de la farine, de l'eau, un peu de levure. Il prend différentes formes: galette, couronne, tresse, boudin. Il peut être poêlé, cuit au four, frit, etc. Il a la consistance du gâteau.

BRADOR

Ce mot provient de Labrador. C'est l'explorateur portugais Joao Fernande qui nomma le Labrador de son nom de métier, soit laboureur, «llavrador» en portugais.

CABANE DE CASTOR

Terrier de branchage et de terre, en forme de hutte dans lequel habite une famille de castors.

CABANER

Monter sa tente en forêt se dit «cabaner» et le lieu où elle est située se nomme «le cabanage». On dit: «Aller au cabanage de la famille Piétacho».

CARCAJOU

Mot innu, kwa-kwat-sheu, qui désigne le blaireau du Labrador et qui signifie le glouton. Cet animal a la réputation d'être rusé, joueur de tours, voleur. On lui attribue mille défauts et les Amérindiens, dans leurs légendes, l'associent au diable.

CARIBOU

Mot micmac, « kalibu », qui désigne le renne du Canada. Ce mot, maintenant passé dans la langue populaire, réfère à l'habitude du caribou de gratter la neige et de bêcher le sol avec ses sabots coupants pour dégager les lichens et les racines dont il se nourrit.

CHICOUTIMI

Mot d'origine montagnaise qui apparaît dès le XVIIe siècle dans les documents, il signifie « Là où commence l'eau profonde ». C'est selon la tradition amérindienne à Chicoutimi que les chasseurs et commerçants quittaient les eaux profondes du Saguenay et commençaient à portager.

COMPAGNIE DE LA BAIE D'HUDSON

La Compagnie de la Baie d'Hudson, « Hudson Bay Company », vaste empire commercial anglais dans le domaine de la traite des fourrures dont le monopole sur l'Arctique s'est étendu de sa création en 1670 jusqu'aux environs de 1870, soit 200 ans ! En boutade, certains disent que H.B.C. veut dire « Here Before Christ », i.e. ici avant Jésus-Christ (av. J.-C.). Les Amérindiens en parlent souvent en disant tout simplement « La Compagnie » comme si elle était la seule à exister. Dans la littérature, on s'y réfère parfois en lui donnant le nom de « la Vénérable ».

CRI

Peuple amérindien de langue algonquienne, voisin immédiat des Inuits. Ils habitent le littoral est de la baie James et la région de Mistassini. Inuits et Cris cohabitent dans les communautés de Chisasibi et Kuujjuarapik.

DORSET

Mot surtout utilisé en archéologie pour désigner une culture paléoesquimaude (ancienne) qui a disparu il y a plus de 500 ans.

ÉCOLE DE BANDE

École située sur le territoire d'une communauté amérindienne et administrée par le « Conseil de bande ».

ESQUIMAU (voir Inuit)

Une hypothèse veut que ce mot soit d'origine amérindienne. Ils les auraient appelés « esquimaux », c'est-à-dire « mangeurs de viande crue » à cause de cette habitude alimentaire qui les caractérisait. Le mot « esquimau » se serait popularisé au détriment de Inuk - Inuit, nom que se donnent les gens qui parlent la langue esquimaude « l'inuktitut ».

Mot dérivé de Inuk qui signifie « être humain ».

IGLOO

Mot inuit, iglu, pour désigner toutes les habitations.

ILAALI

En inuktitut, formule de politesse correspondant en gros à « Il n'y a pas de quoi » qui suit les remerciements.

INNUAT - INNU

Au singulier (Innu) veut dire « humain », au pluriel « Innuat » désigne tous les Autochtones. Ce sont les Montagnais qui se nomment ainsi.

INUK - INUIT

Inuk, au singulier, veut dire « humain », Inuit, au pluriel, désigne un ou des peuples autochtones vivant dans les régions polaires de la terre.

INNU NIKAMU

En langue innue signifie « Il chante comme un Innu » nom que porte le Festival international de musique amérindienne qui se tient tous les étés à Uashat-Maliotenam.

INUKSHUK - INUKSUIT

Hautes structures en pierre empilées situées bien en évidence en milieu nordique. Elles ont l'apparence d'un être humain et servent de repères (comme des phares) aux Inuits qui voyagent sur l'eau ou à proximité des rives. Elles indiqueraient la route à suivre et les lieux propices au campement, à l'approvisionnement en eau fraîche, à la chasse, à la pêche, etc. On ne connaît pas l'origine des Inuksuit.

INUKTITUT

La langue des Inuits.

IROQUOÏEN(NE)S

Se dit de la famille linguistique amérindienne regroupant au Québec les Mohawks et les Hurons.

IROQUOIS

Au XVIIe siècle, une Confédération redoutable regroupant cinq nations : les Mohawks, les Oneidas, les Onondagas, les Cayugas et les Senecas.

KAMIKS

Mot inuit - Bottes imperméables et chaudes généralement en peau de phoque, aussi en peau de caribou, fabriquées par les femmes inuites. Tous les portent. Un chasseur actif en usait plusieurs paires dans une année.

KATAJJAK

Mot inuit - Chants traditionnels que les femmes inuites chantent en se plaçant l'une devant l'autre, nez à nez. Elles reproduisent ainsi des sons qu'elles retrouvent dans leur environnement. On les appelle parfois « chants de gorge ».

KATJUTAÏGUK

Ce sont des êtres de la mythologie que l'on retrouve souvent dans les gravures ou les sculptures. Ils n'ont qu'une tête, des jambes et de longs cheveux. La nuit, ils descendent de la lune et s'amusent à jouer des tours aux Inuits comme les lutins mythiques. Ce sont de ces êtres que les femmes inuites ont appris les chants de gorge.

KAYAK

Mot d'origine inuit intégré au vocabulaire universel - Embarcation d'abord réservée à la chasse aux phoques, aux morses, aux baleines, à la pêche au harpon, à la pose des filets, à tuer les caribous aux passages à gué, etc. Sa structure légère et effilée est en bois flotté allié à des morceaux d'os et d'ivoire. Elle est recouverte de plusieurs peaux de phoques (ou de caribous) épilées, tendues et cousues.

KENOGAMI

Mot innu, signifie « lac long ». Nom actuel d'une ville.

KUEI!

Bonjour, dans la majorité des langues amérindiennes de l'Est de l'Amérique du Nord.

LES ESCOUMINS

Mot innu qui signifie « jusqu'ici il y a des graines ». Désigne une communauté innue et un village de la Côte-Nord du fleuve Saint-Laurent.

MACKINAW

Mot algonquien mackinau, qui veut dire tortue. Par analogie aux motifs de la carapace de la tortue, ce mot en français désigne la chemise ou le manteau dits « à carreaux » habituellement noirs et rouges.

MADAHÔNDO (Les fétiches)

Les Madahôndo étaient des fétiches (pierres, coquillages, parties animales) portés sur le corps afin d'obtenir de la chance à la chasse ou de la protection lors des batailles ou contre la maladie. Les Madahôndo d'animaux conféraient aux porteurs, une qualité particulière de l'animal. Par exemple : l'ours est courageux, la tortue est sage, etc.

MAGOKAN

En algonquin, festin ou repas traditionnel.

MAKUSHAM

Festin ou repas communautaire composé essentiellement de « viandes de bois ». Il est suivi de la danse du makusham qui s'effectue dans un cercle qui s'agrandit au fur et à mesure que s'ajoutent des couples de danseurs.

MAMIWINIK

Les Algonquins en langue algonquine.

MANICOUAGAN

Mot innu qui veut dire « Là où on prélève de l'écorce de bouleau ». Désigne une région de la Côte-Nord du fleuve Saint-Laurent.

MANITOU

Mot algonquien, Manido, qui signifie « Les pouvoirs qui existent dans la nature ». En français, dans le vocabulaire religieux, désigne les puissances supérieures amérindiennes. Dans la langue populaire, le « Grand Manitou » est celui qui décide, le leader incontesté, le Chef.

MASKINONGÉ

Mot algonquin Maskinogé, qui signifie « gros brochet » : un poisson d'eau douce qui a l'apparence d'un animal préhistorique. Nom d'un village québécois.

MATTAWIN

Mot algonquin qui veut dire « Là où on se rencontre ». Désigne une rivière québécoise.

METABETCHOUAN

Mot innu qui signifie « le courant se jette dans le lac Saint-Jean ». On y établit très tôt un poste de traite car c'est le lieu traditionnel de rassemblement des Amérindiens. Désigne un village de la région du lac Saint-Jean.

MÉTIS

Métis, n.m., Métisse, n.f. - Autochtone du Canada d'ascendance mixte indienne et européenne, peuplant historiquement certaines régions déterminées des Prairies canadiennes. Anglais : Metis.

Au Canada, la Loi constitutionnelle de 1982 reconnaît légalement les Métis comme peuple autochtone.

MINGAN

Mot innu signifiant probablement « loup ». Ce nom de lieu était utilisé dès le XVIIIe siècle pour désigner une communauté innue de la Côte-Nord du fleuve Saint-Laurent. La région est connue sous le nom de « la Minganie » et les îles sous l'appellation de « l'archipel de Mingan ».

NANUK

Mot en inuktitut pour désigner l'ours polaire.

NASSAK

Toque (tuque) des Inuits. Désigne aussi tout autre genre de chapeau.

NATASHQUAN

Mot innu qui signifie « Là où on chasse l'ours ». Les Innus désignent aussi de cette façon l'île Anticosti. Nom d'un village québécois de la basse Côte-Nord du fleuve Saint-Laurent.

NOURRITURE DE BOIS

Les aliments traditionnels des Amérindiens qu'ils tirent directement de la forêt et qu'ils préparent à leur façon: saumon, caribou, orignal, gélinotte, porc-épic, etc.

NUNAVIK

Mot en inuktitut pour désigner la terre ou le territoire nordique sur lequel vivent les Inuits.

OUANANICHE

Mot innu pour désigner un saumon d'eau douce que l'on retrouve dans les lacs et les rivières des régions nordiques du Québec. La Ouananiche fait, comme les bleuets et les tourtières, la réputation culinaire de la région du lac Saint-Jean.

OUJÉ-BOUGOUMOU

Mot cri qui signifie « Là où les gens se rencontrent ». Village cri récemment construit à moins d'une heure de route à l'ouest de Chibougamau. Ce n'est pas une réserve au sens de la Loi sur les Indiens mais un village autonome où habite maintenant le dernier groupe amérindien du Québec à s'être sédentarisé. Le village a été conçu par l'architecte amérindien de renommée internationale Douglas Cardinal.

OUTARDE

Nom courant de la bernache du Canada.

PANA

Mot en inuktitut qui désigne le long couteau en os ou en bois de caribou que les Inuits utilisent pour découper les blocs de neige qui entrent dans la construction de l'iglou.

PEMMICAN

Mot d'origine cri: pimiikan, qui signifie «quelque chose avec de la graisse». Il s'agit d'un aliment célèbre des Amérindiens des plaines préparé en mélangeant de la viande séchée et broyée à de la graisse. Le Pemmican, remisé dans des sacs de peau, se conservait longtemps.

PERGÉLISOL

Sous-sol des territoires nordiques gelé en permanence.

PÉRIBONKA

Mot innu qui désigne un village du Lac-Saint-Jean et qui signifie «la rivière qui fait son chemin dans le sable». Péribonka a été rendu célèbre par le roman *Maria Chapdelaine*, de Louis Hémon.

QAMUTIK (mot inuit)

Nom du traîneau inuit. Il est long, étroit, a deux fortes lisses réunies par une série de traverses attachées par des lanières de peau de phoque. C'est ce qui lui donne sa souplesse et sa résistance aux chocs.

À l'origine, le Qamutik était tiré par un attelage d'une dizaine de chiens de trait esquimaux. Aujourd'hui, il sert de remorque à l'arrière des motoneiges.

SAGAMITÉ

Mot algonquin: kisakamité qui signifie «potage chaud». Désigne maintenant une bouillie de maïs écrasée qui peut contenir de la viande ou du poisson. Cet aliment est particulièrement populaire chez les Hurons-Wendats et les Mohawks.

SAGUENAY

Région du Québec. Nom d'une rivière et d'un fjord du Fleuve Saint-Laurent. Mot innu qui signifie «la source des eaux».

STÉATITE

Silicate naturel de magnésium, octueux et doux au toucher aussi appelé «pierre de savon». Il y a de nombreuses carrières de stéatite dans le Nord canadien. Depuis des millénaires les Inuits utilisent cette pierre tendre pour se fabriquer outils et ustensiles, amulettes et jouets miniatures. Aujourd'hui, cette pierre qui varie en couleurs et densités est utilisée par les artistes inuits pour fabriquer des sculptures qui ont atteint une renommée internationale.

TADOUSSAC

Mot innu signifiant « mamelles, mamelons », qui a donné le nom à la localité de Tadoussac, à l'embouchure du fjord du Saguenay.

TAÏGA

Mot russe pour désigner une vaste étendue du nord du Canada et de l'Eurasie composée essentiellement de conifères, de marais et de tourbières, parsemée de nombreux lacs et d'un imposant réseau de rivières et de ruisseaux. Forme la limite sud de la toundra.

THULÉ

Les Grecs et les Romains désignaient par ce nom les terres les plus nordiques. Nom du village inuit le plus septentrionnal du globe, baptisé ainsi par l'explorateur Danois Rasmussen en 1910.

Nom donné à la culture dont sont issus les Inuits d'aujourd'hui.

TOBOGGAN

Mot algonquin pour désigner un « traîneau » appelé aussi « traîne sauvage ».

TOMAHAWK

Expression tirée de la langue algonquienne, otamahok « frappez-les ». Nom d'une arme de guerre amérindienne en forme de hache servant d'assommoir. Devint rapidement un objet de traite fort recherché dans le commerce des fourrures. Les Amérindiens le personnalisaient en le décorant abondamment de gravures, de plumes, de couleurs.

TOTEM

Mot algonquien qui signifie « sa famille ». En français le mot désigne les différentes catégories d'espèces animales qui servent à donner un nom à un groupe d'êtres humains donnés. Ce sont les Amérindiens de la côte du Pacifique qui sculptent des totems dans le tronc des arbres.

On appelle aussi totem l'animal protecteur, et mat totémique le tronc d'arbre sur lequel sont sculptés les animaux protecteurs.

TOUNDRA (mot d'origine russe)

Vaste plaine des zones arctiques au-delà de la limite des arbres. Sa végétation se compose de mousses, de lichens, de cabex, de bruyères et d'une foule de petites plantes à racines courtes et à fleurs et d'arbres rabougris.

TUKTU

Caribou, en inuktitut. Avec le phoque et la baleine, il est sans contredit l'animal le plus important du milieu nordique et le plus marquant de la culture inuit.

TORNGAT, Monts (mot inuit)

Ce nom désigne une chaîne de montagnes à la frontière du Québec et du Labrador. Son plus haut sommet connu se nomme mont d'Iberville, en hommage à Pierre Le Moyne, Sieur d'Iberville (1661-1706), Capitaine de frégate qui s'est distingué surtout par la bataille navale qu'il a livrée dans la baie d'Hudson. Il a contourné les monts Torngat pour s'emparer du fort anglais Nelson. Pour les Inuits, c'est dans les Torngat que se réfugient les esprits qui errent sur la terre.

UASHAT

Communauté innue de la Côte-Nord du Saint-Laurent. Mot innu qui signifie « La baie de Sept-Îles ».

ULU (mot inuit)

Couteau de femme à lame semi-circulaire en ardoise ou en ivoire. Aussi appelé couteau demi-lune. Il est à usage multiple : découper les viandes et les poissons, gratter les peaux, etc.

UNGAVA, baie d'Hudson

Le nom d'une baie, d'une péninsule et depuis 1980 d'une immense circonscription électorale nordique. On ne connaît pas avec certitude la signification de ce toponyme. Certains l'attribuent à l'inuktitut et lui donnent le sens de « terre inconnue », de « pays du sud », ou de « terre lointaine, très éloignée ».

WAMPUM

Provient du mot algonquien « wampompeag » qui veut dire « perles blanches ». On appelle aussi wampum les colliers, les ceintures et les autres objets fabriqués de perles de coquillage marin. C'est sur les wampums que les Amérindiens écrivaient leur histoire. Ils servaient de parchemins, de monnaie d'échange, de cadeaux, et étaient utilisés pour sceller une alliance, signer un traité.

WAPITI

Mot algonquien « wapi-tiye » qui veut dire « croupe blanche ». Ce nom désigne le grand cerf de l'Amérique du Nord.

WENDAT

Nom des Amérindiens Hurons. Signifie « les gens de la péninsule ».

WIGWAM

Mot d'origine algonquienne. Il désigne la maison amérindienne de forme conique, en écorce de bouleau ou en peau d'animaux. Le mot « tipi » est aussi employé. Celui-ci est cependant un terme siouen popularisé par le cinéma américain western.

WINDIGO

Mot algonquien, monstre cannibale du folklore algonquien.

Des photographes et des artistes

Des remerciements

Merci beaucoup à tous ceux et celles et ils sont fort nombreux qui m'ont aidé à produire ce guide culturel et touristique des peuples autochtones du Québec :

Muséologues, ethnologues, archéologues, conservateurs et conservatrices, journalistes, agents de développement culturel ou économique, à titre individuel ou provenant des grandes institutions muséales québécoises ou canadiennes, de centres d'exposition ou de mise en valeur du patrimoine, d'organismes responsables du développement en milieux amérindien et inuit, de fonctionnaires de nombreux ministères. Tous ont collaboré avec empressement et générosité à ce guide en fournissant des textes, des illustrations, et des conseils.

À tous et à toutes, Nakurmik, Miguesth, Tsinashkumitin.

Michel NOËL

André, Luc
Audette, Bernard
Bertrand, Cécile
Binette, Maurice
Bours, Étienne
Canapé, Raoul
Casavant, Ann
Charbonneau, Aline
Courval, de Michel
Dudemaine, André
Dufresne, Sylvie
Dumas, Odette
Gabriel, Famille
Gagnon, Louis
Giguère, Madeleine
Gill, Aurélien
Gill, Lucie
Girouard, Claire
Grenier, Claude
Hovington, Micheline
Lainé, Danielle
Lalande, Dominique
Lamarche, Hélène
Launière, Lise
Leblanc, Louise
Leblanc, Marie-Josée
Lord, Éric
Martijn, Charles
McCaffrey, Moïra
Moreau, Réginald
Niquay, Marie-Louise
Niquay, Thérèse
O'Bomsawin, Nicole
Ottawa, David Marcel
Ouelette, Joanne
Picard, Gilles H.
Picard, Josette

Rankin, Dominique
Robitaille, Marie-Paule
Rompré, Danielle
Routledge, Marie
Saïa Marie-Claude
Seline, Janice
Thibodeau, Pierre
Turgeon, Christine
Vanasse, Lise
Villeneuve, Bernard

Le Ministère de la culture et des
communications du Québec
Le Secrétariat aux affaires
autochtones du Québec
Le Ministère des affaires
indiennes et du Nord Canada

Hydro-Québec